EASTERN EUROPEAN POETS SERIES #46

AFTER HOURS EDITIONS
UGLY DUCKLING PRESSE
2020

GALINA RYMBU
LIFE IN SPACE

Translated from Russian by Joan Brooks

Preface by Eugene Ostashevsky

**With additional translations by Helena Kernan,
Charles Bernstein, Kevin M. F. Platt, and Anastasiya Osipova**

Life in Space
Copyright © Galina Rymbu, 2020
Translation © Joan Brooks, 2020
Preface © Eugene Ostashevsky, 2020
Additional translations © Helena Kernan ("Fragments from 'Stripped of Signs'"),
Charles Bernstein & Kevin M. F. Platt ("TimeWorld"), and Anastasiya Osipova
("Fragments from the Book of Decline"), 2020

This book is a co-publication of After Hours Editions and
Ugly Duckling Presse (Eastern European Poets Series #46)

ISBN 978-1-946433-32-9
First Edition, First Printing, 2020
Edition of 1,200

After Hours Editions
www.afterhourseditions.com

Ugly Duckling Presse
The Old American Can Factory
232 Third Street, #E-303
Brooklyn, NY 11215
uglyducklingpresse.org

Distributed by SPD/Small Press Distribution and by Inpress Books (UK).

Cover design by Eric Amling
Typesetting by Don't Look Now!
The type is Baskerville Cyrillic LT and Politica
Books printed offset and bound at McNaughton & Gunn
Covers printed offset by Prestige Printing and letterpressed at UDP

The editors wish to thank Elina Alter, Neelufar Franklin, Amanda J. Killian,
and Eugene Ostashevsky for editorial assistance.

The publication of this book was made possible, in part, by a grant from the Mikhail
Prokhorov Foundation TRANSCRIPT Programme to Support Translations of Russian
Literature, and by the continued support of the New York State Council on the Arts.
This project is supported by the Robert Rauschenberg Foundation.

TABLE OF CONTENTS

THE IMMANENCE OF THE POLITICAL

I've been trying to work with something like phenomenology of perception of the political, that is to say work with complex political—and not only political affects. I'm interested in understanding and studying another type of political receptivity, one that is irreducible to simple, recognizable affects and images (anger, deception, the crowd, etc.) or else one that reveals multiple dimensions and meanings within these recognizable images. Political poetry imitating direct speech and immediate utterance, or absorbing the language of others, whether earnestly or ironically, no longer works for me. The same goes for the kind of poetry built on images with mobilizing power, which permit a light affective connection, and may be exploited for take-off effects: they guarantee the poem's intensity, but it's not semantic intensity. I tried all of them, but often it seemed like something important was slipping through my fingers, something having to do with the changing of our perception, with the language and the purposes of poetry, with fundamental processes that are taking place in the world today and that are bound up with such issues as "the sense of commonality," the vision of "a world in common," "new slavery," "class selection," the alteration of our species and of the planet, the alteration of languages, machines, feelings, and so on.

—Galina Rymbu[1]

GALINA RYMBU IS ONE OF several young writers, mostly women, reinventing Russian poetry. At the time of writing, she is the most visible among them. Born in 1990 in Omsk, in Siberia, where her mother was a teacher and her father an electrician, she experienced first-hand the blight, poverty, and criminality that affected industrial cities after the fall of Soviet Union, when salaries were not paid and there was nothing to eat. She started university in Omsk but then transferred to the Gorky Literary Institute in Moscow, Russia's only creative writing program. After

graduation, she took up leadership roles in the poetry community, co-founding a prize for younger poets named after the influential experimental poet Arkadii Dragomoshchenko (1946–2012). Her main public activity today is that of the founder and co-editor of *F-pis'mo*, an online journal devoted to feminist and queer writing. A political activist focusing on gender and class inequality, erudite reader and deep thinker, willing to entertain utopian ideas in a country where idealism is taboo, Rymbu is a capable communicator outside the poetry community as well. She emigrated to Ukraine in 2018 and is currently based in Lviv.

The poetry of Rymbu and her colleagues is deeply political—political through and through—even when politics are not explicitly invoked. It is political in that it's not lone-wolf poetry, but rather emerges out of a network of informal seminars and self-education groups, where the ideas it articulates develop in the give-and-take of discussion. It therefore "represents" a particular community quite directly—the activist community (or at least an activist community) that the "we" of some of the poems invoke. The activist community is one whose defining gestures include, in addition to public protests and human-rights work, the gesture of passing books from person to person, the gesture of mutual education. So, the poetry is political already on the level of implicating other people in its production. But it is more political in other ways.

For a Russian poet to embrace being political breaks an important social taboo. Oppositional poetry in the Soviet period shied away from the political label for fear of becoming applied art. It took a tremendous cultural effort on the part of the generation that followed the fall of the Soviet Union, when political engagement suddenly became a possibility for citizens—the generation of Aleksandr Skidan, Dmitry Golynko, Elena Fanailova, Maria Stepanova, and their peers—to see open political engagement as a possibility for poetry also. The process is still continuing, and even accelerating, in poetry, even though the possibilities of political engagement for citizens are narrowing precipitously. If poetry in the late Soviet Union was generally recognized as, in the main, a linguistic activity, or the exercise of what Roman

Jakobson called the poetic function of language, in the new period poetry became more conscious of its anthropological dimension, as research and development of new ways of feeling, thinking, and being. This is how it opened up towards non-heteronormative sexualities, feminist positions, and other forms of identitarian experimentation and expression, with the possibility of political engagement enabling the shift towards greater individual freedom and social diversity.

While some politically engaged poets, such as Kirill Medvedev, started experimenting with simple, direct utterance to increase accessibility and also because of disappointment with the limited political consciousness of the intellectual class, linguistic complexity did not decline everywhere. Rymbu's work is strongly committed to both the linguistic and anthropological poles of the poetic project. It is the complex, changing, and heterogeneous character of her language that lets her record and convey real-world contradictions with such precision and clarity. Her moves are modernist, relying on disjunction, montage, and ellipsis, or omission of information. There is a lot of sound work, called paronomasia—the locking together of words by similarity of form—which sometimes undergirds apophatic, or unimaginable, metaphors of the kind associated with Dragomoshchenko. There is a great deal of defamiliarization of objects and processes, a perspicacious looking achieved by unusual intellectual angles, that in her more recent pieces enables the construction of vaguely allegorical future worlds. Yet it's not defamiliarization for its own sake, and it's not paronomasia for its own sake, or disjunction, or ellipsis—they are all tools of analysis and probably even mimesis, or rather, tools that make her kind of analytical mimesis possible, that convert her poems into machines for perceiving and mapping the world, and representing its human and abstract actors and processes from without and within.

To be political, poetry does not have to turn into advertising, advocate for parties or platforms. Poetry becomes political when it represents the world as having a nature that is not "natural," but rather negotiated, an Indra's net that is political, social, and economic; made up of contingencies, and having to do with

power—mainly of people over people—which is buttressed by ideology first and coercion second. A poetry that represents the world as political is political. It is also secular. A poetry that represents the world as immutable is not political, even when the representation is a tragedy. In Rymbu's poetry the political pervades all our sensations, all our words, and all our choices. It is immanent in them.

"Poetry for me," says Galina Rymbu, "is a way of asking questions about the world—which makes it like philosophy, like critical thinking—but it is also a way of thinking that cannot be approached by pure critical intellection. Poetry always possesses a certain excess, a certain gift of polysemy, the gift of the reverse side of language."[2] Her poetry is a constant search, a constant shattering and recreation. She keeps shifting her style to continue thinking ever new things. Because her poetry expresses a very analytical view of the world, with objects and processes at once overdetermined and self-contradictory, for her to embrace the plain style would require a condescension, a simplification of the thought itself. But she refuses to simplify. "It can seem like the oppressed have a simple language, that we should employ a series of reductions to work with this language in order to be comprehensible as poets and artists. But there is no such thing as a simple language, just as there are no simple emotions," she says. The language of the oppressed is "a real rat's nest of complexity made up of the languages of violence, ideological pressures, propaganda, biopolitical manipulations, survivals of the past, fantasies, hopes, and even certain seeds of 'emancipation' ... The idea of 'simple language' is really just a total syntactic, lexical, and discursive collapse."[3]

The poet Anna Glazova talks about the materialism of Rymbu's language[4]—one might even be old-fashioned and say "dialectical materialism," like that of Eisenstein's montage, which makes meaning by contrasting joined units. Poetic materialism in Rymbu, underscoring the materiality of the sign (phonetics, diction, problematic connectives), becomes an allegory for social materialism as concern for the material—whether mental, or environmental, or deportmental—consequences of inequality. A

vision of the immanence of the political in the material—as opposed to a program of admirable but abstract slogans and goals—turns into an erotics of the political, or more literally, into an erotics of the political animal: the human being. The meaningfulness and prominence of sexuality in utopianism comes, I think, from the question that constitutes the kernel of the utopian project: Is it possible to build relations—first individual and then social—not on the ground of profit but on the ground of love? "If I have not love, I am nothing," one utopian activist once observed. His "love" used to be translated as "charity," because the original term is not sexual in intent, but the main distinction of utopianism is not that between sexual or non-sexual, but that between propelled by self-interest or propelled by interest for another (or for a link with another). The Zion of utopian thinking is a community held together by love. What kind of love is a secondary issue, but a materialist utopianism would be less materialist if it shied away from the exploration of sexuality and gender ideology, and if it resisted gender fluidity. We may thus trace, strangely, an ideological linkage between the materialism of Rymbu's style and the intense sense of belonging to a close community that her poetry evinces. It is a community of equals, cut off from and even persecuted by the surrounding society, where inequality is the norm; it is a revolutionary and a sectarian community.

While the release of a new young major poet in English translation is an exciting event, it also inspires feelings of ambivalence. I am all for translation, but a poem in translation is not the same poem as the original, but rather stands halfway between the original and the reader. The intended reader of a translation is she who can read the original, or at least read the original somewhat. This is why American poets must learn foreign languages. There is no decolonization in English only: an American poet who reads only in English will always be simultaneously an imperialist and a provincial. (Learning to read in at least two foreign languages needs to become a requirement in Creative Writing programs.) Meanwhile, just reading the original without understanding the words—reading the text only for sound—goes a long, long way. Hence I find it a great help for everyone that

this edition is bilingual. If you don't read Russian, at least learn the Russian alphabet, so that you can follow on the left side of the spread, so that you can get, literally, a feel for the work. The Russian alphabet is easy. It starts with the letter A.

Eugene Ostashevsky
February 2020. Berlin.

NOTES

1 From a conversation with Marijeta Bozovic and Anastasiya Osipova, conducted in March, 2019. (Bozovic and Osipova, "'Depressiya i melankholiya—eto sposob znaniya.' Galina Rymbu: Bol'shoe interv'iu," Colta.ru, October 11, 2019.) [My translation.]

2 Ibid.

3 Jonathan Brooks Platt, "A Conversation with Galina Rymbu," *Music & Literature*, February 4, 2016.

4 Anna Glazova, "Istets za silu," preface to Galina Rymbu, *Zhizn' v prostranstve* (Moscow: NLO, 2018), 6. [My translation.]

LIFE IN SPACE

БЕЛЫЙ ХЛЕБ

WHITE BREAD

Translated by Joan Brooks

* * *

разъясняющая всё кровь животных

политика: животные в хижине решают как быть

ветерок в волосах смуглых животных

утробные крики белых слонов

двигаясь внутри экономических систем,

сбрасывая кожу, роняя шерсть

«критика чистого разума» рассечена когтем

половые акты в лагуне, тёмная жидкость, всхлипы...

смерть на острие памяти

старый вожак в утеплённом гробу перенесён через сибирскую степь

на синих фуфайках фрагментарные следы охоты, яростное
      цветение фоном

чувственные раны на тёплом мясе в глухом сознании овода

в холодные зимы мы собирались сами
звонили из хижины отсутствующим друзьям
создали лес советов, гаремы режимов
и только один вышел жить

этика: хотят есть   ˋ
свершаясь в мертвенных знаках

* * *

the blood of animals that clarifies everything

politics: animals in a hut deciding how to act

a breeze in the hair of swarthy animals

the hsyterical cries of white elephants

moving inside economic systems,

throwing off the skin, shedding fur

"the critique of pure reason" sliced through by a claw

sex acts in the lagoon, dark liquid, sobs…

death at memory's knife point

the old chieftain in an insulated coffin is carried across the Siberian steppe

fragmentary traces of the hunt on blue quilted jackets, the furious
    bloom of phonemes

sensual wounds on warm meat in the deaf consciousness of a horsefly

in cold winters we gathered together on our own
called our missing friends from the hut
created a forest of advice, harems of regimes
and only one of us went off to live

ethics: they want to eat
realized in dead signs

ШКОЛА

подростки, читающие «общество спектакля»
я говорю: «не поздно ли?»
они отвечают: «нет. сейчас на часах шесть»
сентябрь. кровеносные системы школы
в роще березовой исправительной колонии.
в кабинете биологии заформалиненные тельца крыс
мышка мертвая сорванного государства.

лег головой в листву. на груди—сухие цветы бессмертника.
на языке—сокровища черные русского формализма.
в роще солнечной паук одевает пути
на легкие ветви. и учитель
в крапинках крови оседает внезапно.

я открываю глаза и вижу: большое сердце дети посыпают землей
туман от книг расходится.
белые сумерки. первая сигарета.
в обнимку с девочками в дымном шаре
мы заперты. макулатура
вздымается вверх. черная пена
типографских шрифтов от рождества христова.

порванный рот государственного телевидения.
серые кишки независимой печати
мертвые полицейские в кабинете биологии на открытом
уроке закутанные в хлипкую шерсть.
долгие колонны очередей по дороге домой:
что в них умалчивается?

красная листва, желтая… детское тело и щит
кричит внезапно.
уедем отсюда. но нет
здесь вокзала. я ударяюсь о стены.
тело вспарывает проволока,
обволакивают километры пищевой пленки.
в глубине местных искусств спят мясные кураторы,
сшитые из свинины, приправленные говядиной

SCHOOL

teenagers reading "society of the spectacle"
i say: "isn't it a bit late?"
they answer: "no. it's only six"
september. the cardiovascular system of school
in the birch grove of a correctional colony.
in the biology room the little rat bodies in formaldehyde
the dead mouse of the aborted state.

he lay with his head in the leaves. on his chest—dry immortelles.
on his tongue—the black treasures of russian formalism.
in the sunny grove a spider dresses the light branches
in its web. and the teacher
sinks suddenly into specks of blood.

i open my eyes and see: children sprinkling earth over a large heart
the fog of books disperses.
white dusk. your first cigarette.
embracing the girls in a smoky sphere
we're locked in. waste-paper
floats up. the black foam
of typography anno domini.

the torn mouth of state television.
the gray intestines of the independent press
dead policemen in the biology room for an open
lesson swaddled in flimsy fur.
the long columns of queues on the way home:
what are they keeping silent?

red leaves, yellow... a child's body and a billboard
suddenly cry out.
let's leave this place. but there's no
station here. i bang against the walls.
my body is ripped by barbed wire,
wrapped in kilometers of cling film.
in the depths of the local arts the meat curators are sleeping,
sewn together from pork, seasoned with beef

на перемене в безвременье целуют член директора
зданье школы покрытое легкой чешуей качается на ветру
сарайчик, передвижной балаганчик
у каждого сердца скрытый за корешками книг,
институтом семьи и собственности
против читателя
против тебя,
вообще человека,
выпирающий пламенем,
изрекающий только
ложь, ложь, ложь.

during recess, time out of joint, they kiss the director's penis
the school building, covered in light scales, sways in the wind
a little shed, a traveling puppet theater
in every heart hidden behind the spines of books,
the institution of the family and property
against the reader
against you,
and humanity in general,
swelling like a flame,
uttering only
lies, lies, lies.

* * *

передвижное пространство переворота

возомнил себя Некрасовым, сука!

военные машины вдоль обочин

отведал
функционер кнута

в черном баре ведут крохотные диалоги

в бутово, гольяново, химках
спят заговорщики
остановленные знанием
купленные на распродаже

но не спит моя любимая
что ж ты будешь делать
но не спит любимый мой
что же ему сказать

парень в только что купленной маечке с че геварой
бессвязно мечется по тюремной камере
в лице его проступает зверь, медведь,
осколки волка, автоматная очередь

коридоры наших домов покрыты слизью
жизнедеятельность не оставляет пространства для жизни
и нет сил выбрать смерть
тогда выбирают борьбу
красным кошмаром протирают тела убитых
по инерции покупают сыну игрушки
намекающие на войну

но не спит моя любимая
она перешла за ограждения
но не спит любимый мой

* * *

the movable space of the revolution

you think you're Nekrasov or something, bitch?

military vehicles along the roadside

the functionary
got a taste of the whip

little dialogues going on in a black bar

in butovo, golianovo, khimki
conspirators sleep
halted by knowledge
they're bought on clearance

but my beloved isn't sleeping
what will you do
but my lover isn't sleeping
what should I tell him

a boy in a freshly bought che guevara t-shirt
thrashing about incoherently in a jail cell
in his face you can see a beast, a bear,
shards of a wolf, a machine gun report

the hallways of our houses are covered with slime
livelihood leaves no space for life
and no strength to choose death
so they choose struggle
washing the bodies of the dead with the red nightmare
buying their son toys out of inertia
which hint at war

but my beloved isn't sleeping
she's passed beyond the barrier
but my lover isn't sleeping

он освободит уже всех

хоть он говорит: уже умер нарратив освобождения
и этой осенью жертвенный дым животных поднимается вверх
этой осени бледный огонь
мы отдали ключи от квартиры призракам
к нам навстречу выходят люди не делающие сбережений
эта осень рвет душу
она кричит «где у тебя душа?»
и все внутри горит
тело—передвижной балаганчик критики, ярости, ужаса
и уже нет желания
порвать майку, сорваться и стопить на мокром шоссе
это слова человека никогда не знавшего старости
для человека, который
никогда не любил и умер

he'll set everyone free already

though he says: the liberation narrative is dead already
and this autumn the sacrificial smoke of animals rises into the air
this autumn a pale fire
we gave ghosts the keys to our apartment
people with no savings come out to meet us
this autumn rips your heart out
it screams, "where is your heart?"
and everything inside burns
the body is a travelling puppet show of criticism, fury, horror
and there's no impulse anymore
to rip off one's shirt, to tear away and hitchhike on the wet highway
these are the words of someone who's never known age
for someone who
never loved and died

* * *

легонько коснуться своим языком твоего языка…

сон оборвётся внезапно:

оружие закопали в землю

молния приближается с треском

рекламные щиты вот-вот рухнут

продвинуться языком глубже, туда, где корень твоего языка
и прохладное сладкое нёбо

волнующий запах весны и рокот
первой мировой войны. тогда они
делают индивидуальное высказывание без субъекта,
с вопросом: кто говорит?
я: кто нас целует, пока
длится сон? мы застряли в истории.

один звонок и
клубы дыма вываливаются наружу
смотри, дом мой горящий, следом лето
с кровью
в широкие мгновенья ведает
где твоя боль, как больно
собирать языком слёзы со щёк, с ключиц.
ночью, во рву, в постели, где вспышки,
где кровь говорит, со мной можно плакать, —
закрой глаза в искажение.

близость грозы, когда
накаляется грудная клетка,

* * *

so lightly touching my tongue to your tongue…

the dream breaks off suddenly:

buried weapons in the ground

the lightning approaches with a crack

the billboards are about to crash down

pushing my tongue deeper to your tongue's root
and the cool, sweet roof of your mouth

the stirring scent of spring and the rumble
of the first world war. then, without a speaking subject,
they produce an individual utterance
with the question: who is speaking?
i: who is kissing us as long as
the dream lasts? we are stuck in history.

one bell and
puffs of smoke billow into the open
look, my burning house, the summer right behind
mixed with blood
it knows in wide moments
where your pain is, how the tongue hurts
to gather tears from cheeks, from collarbones.
at night, in the ditch, in bed, where the flashes are,
where blood speaks, you can cry with me,
close your eyes in distortion.

the closeness of thunder, when
the ribcage becomes white hot,

наощупь, как будто случайно сталкиваясь в коридоре,
проводя языком по шее…

слыша вдалеке оркестры, орудия,
проваливаясь в безумие, возможно ли вспомнить,
когда это началось, вне конкретных признаков времени,
словно рой пчелиный, жалит,
одного оставляя, где плачет, а второй внутри этого роя
падает на колени.

by touch, as if colliding accidentaly in the hallway,
running my tongue across your neck...

hearing orchestras in the distance, cannons,
falling into madness, is it possible to recall
when it all began, beyond any concrete markers of time,
like a swarm of bees, it stings,
leaving one alone, to cry, and the other, inside this swarm,
falls to her knees.

* * *

только в нашем районе было столько заводов:
Шинный завод, Кордный завод, Кислородный
(который никто не видел—только серые коробки и ни дымка, огонька)
завод Автоматики, завод Кирпичный, Асфальтный, ТЭЦ-5,
завод «Полёт» и проспект Космический и на это раз повторно
как будто бы воспоминание—залитые солнцем.
завод мороженого и даже на кладбище рядом с домом
маленький завод по производству гробов.
и много школ потому что рожали много детей
и мальчики которые все уходили в армию, которые
вряд ли знали что и зачем эта армия, а ещё реже
слышали слово «войска»,
слышали слово «история»…

это было нашей историей, а теперь
это стало историей только о том
как «пролетариат становится прекариатом»
и как плавится блочное болотное тёмное солнце
в свете новых работ

это о том как быть
если у них есть нож который в любую минуту
может
а у тебя нет ничего кроме желания говорить иначе
но с ними
на их языке

ведь совсем скоро будет только *прямая история*

так вот, мой отец, как только приехал в город
работал на заводе «Полёт», который
производил детали
детали
детали
для космических ракет,
которые конструировал в том числе—
дедушка моего будущего мужа,

* * *

only our neighborhood had so many factories:
the Tire plant and the Tire Cord plant, then the Oxygen plant
(which no one ever saw—just gray boxes, neither smoke nor flame)
the Automation plant, the Brick and Asphalt factories, Power Plant No. 5,
the "Flight" factory and Cosmic Prospect, and this time repeated
as if in a memory—bathed in sunlight.
the ice cream factory and even in the cemetery near our building
a small factory that manufactured coffins.
and there were a lot of schools because people had a lot of kids
and the boys all went into the army, and they
probably didn't even know why there was an army, and even more rarely
heard the word "armed forces,"
heard the word "history"...

this was our history, and now
it's become just a story solely about
how "the proletariat becomes the precariat"
and how the dark sun of prefab boggy blocks melts
in the light of new construction sites

it's about how to act
if they have a knife, and at any moment it
could
and you have nothing but a desire to speak in another way
but with them
in their language

after all, soon there will be nothing but *the straight line of history*

and so, my father, as soon as he arrived in this city
he got a job at the "Flight" factory, which
produced parts
parts
parts
for space rockets
which the grandfather of my future husband
also constructed—

он ходил в ресторан «Армения»,
а **они**, по вечерам выпив водки,
играли ими в пустых цехах как дети, мама
преподавала в ПТУ рядом с заводом,
откуда потом шли работать на другой завод
или — чуть позже — убивать, любить, жить

и завод «Полёт» закрыли, а территорию разровняли и построили
	новые дома для людей —
кто эти люди?

потом он работал на заводе «Сибирский каучук»
на высоте много метров чинил трубы наполненные жуткими
	соединениями
аммиак
кислота
бензолы
фенолы
ад

они вывозили оттуда металлолом с друзьями ночью сквозь район
	«Нефтяники»
в пункт приёма (дорога блестит от дождя) на большом грузовике,
где играла Таня Буланова, Ирина Аллегрова, шансон

но потом
трубу прорвало и нам позвонили в дверь и сказали **где** находится
	наш папа
но буквально в это же утро он вернулся сам весь в бинтах он
	сбежал, бежал к нам
весь живот был выжжен кислотой и покрыт гнойной коркой
и ещё на лице две капельки
которые теперь на виске и у глаза образуют причудливый шрам

но потом и этот завод закрыли
то ли продали, потом ещё продали (уже западным покупателям)
и отца сократили
и он вошёл в дом наш уже другим

he used to go to The Armenia
but in the evenings, after a bit of vodka, **they**
played with the parts on the empty shop floor, like kids, and mom
taught in the polytechnic next to the factory,
people went on from there to work at another factory
or—a little later—to kill, to love, to live

and the "Flight" factory closed down, and they leveled the ground and
        put up new homes for people—
who are these people?

then he worked at the "Natural Siberian Rubber" factory
at a great height he repaired pipes filled with terrible compounds
ammonia
acid
benzoles
phenols
hell

at night **they**—he and his friends—would steal scrap metal and take it
        through the "Oiler" neighborhood
to the receiving station (the road glistening after the rain) on a big truck,
with chansonnières on the radio—Tanya Bulanova, Irina Allegrova

but then
a pipe burst and the doorbell rang and they told us **where** our dad was
but basically that same morning he came back all bandaged up,
        he'd run away, run home to us
his stomach was burned with acid and covered with pustulating scabs
and there were two drops on his face, too
which now form a peculiar scar on his temple and next to his eye

but then that factory closed down, too
or maybe they sold it, then sold it again (now to a western company)
and my father lost his job
and he came home to us completely changed
and he forgot about fishing in the evenings behind the asphalt factory
        in our district

и он забыл рыбалку вечернюю за асфальтным заводом в
    нашем районе
где мы с ним в осенней рощице пускали кленовые самолётки и
    в небе вился дым густой
от труб ТЭЦ-5

он работал ещё на Шинном заводе что тоже неподалёку от дома
но проработал там не очень долго
там где катились чёрные-чёрные шины для машин будущего
для людей настоящего, как он думал—для наших внуков,
    для ваших детей
а сейчас я не знаю что с этим богатым чёрным заводом—
может быть, его тоже нет?

но люди, где эти люди?
ведь они остались, не исчезли вместе с пустыми цехами
и их кости не покоятся под гусеницами бульдозеров
ведь они работают где-то, но там
их как бы нет…
или есть?

с кем мы разговариваем?

ещё когда я училась в школе на Кордном посёлке (там был завод
    Кордный
и Кислородный завод где-то рядом,
по крайней мере была такая остановка,
но самого завода я никогда не видела—
только кубические серые здания без единого огонька, без дымка);
ещё тогда я предчувствовала, что будет какой-то такой разговор,
что рано или поздно он состоится, он начнётся,
и я не знала кто его будет вести,
но я знала, что не смогу ничего сказать.
**как
я буду в нём участвовать?**
и получается я буду как бы не здесь,
хотя я всё ещё там,
но как нам избежать вечной агрессии участия?

where he and I would throw maple whirlybirds in the autumn grove, as
     thick smoke curled across the sky
from the stacks of Power Plant No. 5

he also worked at the Tire plant which was close to where we lived
but he didn't work there for very long
in that place where black black tires rolled out for the cars of the future
for the people of the present, and as he thought—for our
     grandchildren, for your children
but I don't know what's happened to that rich, black factory now—
maybe that's gone, too?

but the people, where are the people?
they stayed, didn't they, didn't disappear along with the empty workshops
and their bones aren't resting under the tracks of bulldozers
they're working somewhere, aren't they, but it's
almost like they aren't there…
or are they?

who are we talking to?

also, when I was at school in the Cord settlement (that's where the Tire
     Cord plant was
and the Oxygen plant was somewhere nearby,
or at least there was a bus stop with that name,
but I never saw the plant itself—
only gray cubes of the buildings without a single flame, without smoke);
even then I had the feeling that there would be
     some kind of conversation like this,
that sooner or later it would happen, it would begin,
and I didn't know who would be having it,
but I knew I wouldn't have anything to say.
how
will I possibly take part in it?
so it'll be like I'm somehow not here,
though I am still there,
but how can we avoid the eternal aggression of participation?

как раз в те времена ещё горел Нефтезавод на другом конце города
и такого пламени я не видела больше нигде никогда
(как передать степень этого пламени—говорить «огонь», «это
     вообще», «это во мне»?)
даже когда горели леса под Москвой и бежали животные

и бежали животные

может быть поэтому я никогда не пойму—как это? что это—писать
     для рабочих?

что такое—отделять для них зёрна от плевел
разве не вот они—зёрна
вот они—камни
вот—опыт
и что я могу отцу в таком случае ещё выше сказать?
    ....
или вот—те обратные времена,
когда отец ушёл к кому-то на дачу делать иные работы,
работал в том числе с деревом, и ему
отрезало бензопилой пальцы на правой руке,
но пришили.
а он уже и не помнит об этом.
мне 4 года (время самой прямой истории)
мы сидим на бордюре бинты мама папа и я
пьём персиковый сок
лето жара
яркие клумбы рядом с больницей где растут многолетники
    ....
настанет момент когда никто это не вспомнит
    ....
и я
позже выучилась нотной грамоте
но музыку эту так и не смогла услышать
передать точнее
на окраине в доме (гул, гул) точно рядом с русским, мусульманским,
     еврейским кладбищами,
и людей с заводов уносят туда,
а потом им приносят цветы и конфеты.

those were the days when the oil refinery still burned at the other
    end of town
and I've never seen a flame like that anywhere else
(how can I convey the intensity of that flame—should I say "fire," "it's
    insane," "it's inside me"?)
even when the forests outside Moscow were burning and the animals fled

and the animals fled

maybe that's why I can never understand—how? what does it mean—to
    write for workers?

what can it be to separate the wheat from the chaff for them
aren't these the grains of wheat, right here
aren't these the stones
isn't this experience
and if that's true, then what else, what more can I say to my father?
....
or maybe—those backward times,
when my father went off to do some other jobs at someone's dacha,
he also did carpentry, and he
cut off the fingers on his right hand with a power saw,
but they sewed them back on.
and he doesn't remember a. thing about it.
I'm four years old (when the line of history is straightest)
we're sitting on the curb bandages mom dad and me
drinking peach juice
summer heat
next to the hospital bright flowerbeds with perennials
....
there will come a time when no one will remember this
....
and I
later learned how to read music
but never did manage to hear that music
to make others hear it
on the outskirts in a building (hum, hum) right next to the Russian,
    Muslim, and Jewish cemeteries,
the place where they take the people from the factories,

а мы, дети, бегаем в дождь в мае между могилок и эти конфеты
едим. —

так уходит время прямой истории.
и позже во дворе за гаражами мы вызываем ведьму,
а одна девочка даже продала, говорит, душу дьяволу за кулёк
конфет, рыбу и новую люстру.

здесь нет ни единой метафоры
здесь нет ничего что заставило бы читать
ничего травматического
обязательного или случайного
события здесь вряд ли рифмуются и происходят всегда
просто несколько слов и вещей заставили вспомнить об этом

мы еще хотим говорить об этом?

and then bring them flowers and chocolates.
and we, the kids, we run in the rain in May among the graves and we
    eat the chocolates. —

that's how the straight line of history runs out.
and later in the courtyard with the garages we summon up a witch,
and one girl even says she sold her soul to the devil for a bag of candy,
    some fish, and a new ceiling lamp.

there isn't one single metaphor here
there isn't anything that would make you want to read on
nothing traumatic
obligatory or accidental
the events surely don't rhyme and they happen every day
it's just that a few words, a few things made me remember this

do we still need to talk about it?

* * *

говорят, белый хлеб едят в городах когда нечего есть или
нечего есть отдельному человеку, тогда
он в больших количествах ест
белый хлеб, набивает кишки
мякишем, коркой и если ситуация позволяет
дешевым майонезом толстые смазывает куски
или макает в горячую водичку с бульонным кубиком

он ест и ест белый хлеб, набивает кишки
врачи говорят, что именно белый хлеб
способствует застою каловых масс
в кишечнике, каловых образованью камней, которые
могут жить там, годами, отравляя,
внутри бедняков живущий кал,
их серые лица и тёмный оскал

дрожанье рук в малосемейке над газом
и лампы серого цвета в изголовье постелей их, китайские бра
вперемешку с иконами, постерами звёзд,
тонны белого хлеба в мыслях их,
в моих мыслях слипшийся
мякиш, буханки горячие, чёткие и

страх страх страх

в тринадцать лет заходя в магазин страх
неудобно невыносимо перед знакомым красивым парнем
просить продавца дайте частично в долг
булочку белого, 4 рубля я отдам сейчас,
а два занесу потом
а продавщица в ответ: «да возьмите горячего серого»
да, но серый ведь лучше есть со сметаной, с борщом,
а где взять борща
ведь для борща нужно мясо
мясо
невинных жертв режима или
просто животных

* * *

they say people eat white bread in cities when there's nothing else or
nothing for a separate human being, then
in large quantities he eats
white bread, stuffing his guts
with crumbs, crust, and if the situation allows for it
he spreads cheap mayonnaise on the thick slices
or dips them in hot water with a bouillon cube

he eats and eats white bread, stuffs his guts
the doctors say it's white bread
that makes the fecal matter back up
in the large intestine, forming stones that
can live there for years, poisoning you,
living feces inside the poor
their gray faces and dark scowls

trembling hands in a one-room flat held over the gas
and gray lamps at the head of their beds, chinese wall lamps
next to icons, posters of stars,
tons of white bread in their thoughts,
sticky dough in my thoughts,
hot loaves, their sharp outlines and

fear fear fear

going into a shop at thirteen fear
uncomfortable unbearable in front of a good-looking familiar boy
to ask the shopkeep give me a loaf of white
on partial credit, I'll give you four rubles now,
and bring two later
and the shopkeeper answers: "why don't you take some hot black bread"
sure, but the black is better with sour cream, borscht,
and where am I going to get borscht
you need meat for borscht
meat
of the regime's innocent victims or
simply animals

кричащих коров под дождем
в деревне сибирской

над районом ноябрьской ночью
жужжание, первый морозец и холодно спать
холодно дома дышать и слышно
как в тёмных домах кричат и скрипят
кишки наших людей
как в пекарнях ночных он, гудя, выпекается сам,
издеваясь, кривляясь, ломаясь

в черных алясках, в штанах адидас
рано утром по темному льду на остановки идущих,
пахнущих газом, дикая песня—
да, тех, что поддерживают режим,
вам сказали, но так выходит,
что кишечники взяли своё,
а в лицах—совсем другое

или студентки мы—с Леной, несколько лет, бегающие в «Пятерку» за
белым, жрущие как попало, огромные, с толстыми ляжками,
тучные, вечно, жирные и голодные,
желающие пожрать
этот хлеб, картонный московский хлеб для неуспешных, пекарен вне
бельгийских, французских, с кунжутом и солью морской,
для гандонов гарцующих по тверской

и мы даже не знаем кем он был приготовлен
чем смазан, с каким трудом,
больше ста лет не видели хлебных печей, и сами мертвы, не
     исключено,
что это вовсе не хлеб, его не пекут, не месят, а черт знает что, во сне,
на берегу моря, в шикарной гостинице, худой загорелой мне,
всё, что связано с хлебом приснилось мне.

screaming cows under the rain
in a siberian village

there's a buzzing, the first frost, and it's cold to sleep
above the neighborhood on a november night
too cold at home to breathe and you can hear
people shouting and creaking in their dark homes
the intestines of our people
like in night bakeries the bread bakes itself, humming,
mocking, contorting, mincing

in black parkas with fur-lined hoods, in adidas trackpants
early in the morning walking over dark ice to the bus stops
smelling of gas, a wild song—
yes, those who support the regime,
they told you, but it turns out
the intestines have gotten their own back
but there's something completely different in their faces

or as students—running with Lena for several years to the discount
        supermarket for
white bread, gobbling up whatever we get, huge, with thick thighs,
chunky, forever, fat and hungry,
wanting to stuff ourselves
with this bread, cardboard moscow bread for failures, beyond those
        bakeries
belgian, french, with sesame seeds and sea salt,
for the dicks prancing down tverskaya

and we don't even know who made it
what it's greased with, what labor,
we haven't seen bread ovens for over a hundred years, and we're dead,
        it can't be ruled out
that this isn't bread at all, they don't bake it, don't knead it, but do god
        knows what, asleep,
on the seashore, in a fancy hotel, thin and tanned,
I dreamt about everything connected with bread.

МАЙ 2015

смутные звуки далеких ночных клубов, басы
выжимают реальность, как мокрую губку. скелеты
мигрантов в полумраке перевозят в телегах свежую землю.
какие-то парни, ангелы, видно,
трутся между прохожих, что-то шепчут
на языке сумасшедших, мастурбируют в парках. весна.

влюбленность без желания, желание без
смысла, когда стучишь в соседнюю квартиру, как в свою,
но там никого нет, заливаешь тревогу дешевыми
коктейлями, путаешься с подозрительными парнями,
излагая им все как есть, не исключая того, что они нашисты
или просто сочувствующие режиму, а те, что стоят в темноте
и одеты похоже—может быть, сталинисты,
просишь у них прикурить.
сплевываешь кровь, в туалете сетевого кафе
пишешь об этом короткий пост, в лужице блевоты кричишь,
моя революция.

моя революция в России
в одном странном местечке
на отсыревших от дождя и времени досках
у заброшенных проходных
и пыльных витрин,
где любовь выдолбила себе тяжелую лодку
в моем теле, чтобы отправиться в путешествие
по твоим холодным морям,
посмотреть в твои белые зрачки.

не силясь найти там свет или еще что-нибудь такое, что придаст
        больше сил.
не имея возможности больше любить любимых, дрожащими руками
придерживая чашку за завтраком, выдавливая «уходи, отвали»,
запираясь в отдельной комнате или просто зависая в скверах,
        в метро
с томиками скверных книг вместо чужой философии
пытаясь что-то нащупать в тени своего распада

MAY 2015

vague sounds of distant night clubs, the bass notes
wring out reality like a wet sponge. migrant
skeletons in the half-dark move fresh earth in wheelbarrows.
some guys, angels no doubt,
are hanging about as the people pass, whispering something
in the language of the insane, masturbating in parks. spring is here.

to be in love without desire, to desire without
sense, when you knock at your neighbor's door, like it's your own,
but no one's there, you drown out anxiety with cheap
cocktails, get mixed up with suspicious guys,
tell them everything like it is, though they could be Putin Youth
or just sympathizers of the regime, while the ones standing in the dark
dressed similarly—may be Stalinists,
you ask them for a light.
you spit out blood, in the toilet of an internet café
you write a short post about it, in a little puddle of puke you scream
my revolution.

my revolution in Russia
in this peculiar place
on boards grown damp from rain and time
by abandoned gatehouses
and dusty shop windows,
where love hollowed out a heavy boat for itself
from my body, to sail off on a journey
across your cold seas,
to look into your white pupils.

making no effort to find light, or anything there that might bring you
       more strength.
lacking all possibility of loving more loves, with trembling hands
holding a teacup at breakfast, squeezing out, "leave, go away,"
locking yourself in another room or just hanging around in the public
       squares, in the metro
with a few bad books instead of someone else's philosophy
trying to feel something out in the shadow of your decline

провариваясь в незначительный сон
барахтаясь в тенях исчезнувшего

думай
борись
ищи
думай
борись
ищи
выходи
выезжай
где ты
мы
давно тебя ищем

мы давно тебя ждем

falling into meaningless sleep
floundering in the shadows of what's disappeared

think
struggle
search
think
struggle
search
go
leave
where are you
we
have looked for you for a long time

we have waited for you so long

* * *

«Это не война»—сказал в метро один подбритый парень
другому парню, бритому наголо.
«Нет, не война,»—говорят аналитики,—«так, кое-какие действия».
«Территория происходящего не вполне ясна»,—констатируют в
темноте товарищи.
«Война—это иначе,»—сказал, обнимая ты. «Можно не беспокоиться»—
с уверенностью говорят правительственные чиновники в прямой
трансляции
по всем оставшимся телеканалам, но кровь
уже тихо проступает на их лбах, возле ушных раковин—
тонкие струйки, пока изо рта не забьет фонтан.

Мы договаривались
сидеть тихо, пока не поймем, что происходит. Ясности не прибавилось
и спустя 70 лет, ясности не прибавилось.

Тревога, тревога, оборачивающаяся влечением. Множество
военных конфликтов
внутри, во рту, в постели; в одном прикосновении к этому—
терпишь крах.

Настойчиво-красным мигают светофоры, навязчиво-красные флаги
заполнили улицы одной неизвестной страны. Смутные мертвецы,
обмотанные георгиевскими ленточками, сладкие мумии в
опустевших барах и ресторанах
приятный ведут диалог—о возможности независимого искусства и
новых форм,
о постчеловеческом мире, о сыре и вине, которое растопит
наши сердца, сердца «отсталых». Пока вирус окраин, вирус границ
уже разрушает их здравый ум, милый разум. Вот вопрос—

Сколько сторон участвует в этой войне сегодня?
Не больше и не меньше, не больше и не меньше. Прозрачный лайнер
пересекает границы нескольких стран. Внутри—раздувшиеся от
жира и страха правители
смотрят вниз, над черными тучами гнева и ненависти,
совершая последний круиз. Те требования, что выдвинуты против нас

* * *

"This isn't war," said one guy with a half-shaved head in the metro
to another guy, who was shaved all the way.
"No, not war," say the analysts, "just some maneuvers."
"The territory of the occurrence isn't completely clear," comrades affirm
        in the dark.
"War is different," you said, embracing me. "No need to worry,"
the government officials say with confidence on the live feed
on all the remaining channels, but the blood
is already breaking out, quietly, on their foreheads, near their auricles —
thin streams, until a fountain shoots up from their mouths.

We agreed
to sit quietly, until we understand what's going on. No additional clarity
        came
and seventy years later, no additional clarity.

Anxiety, anxiety, turning into attraction. Multiple military conflicts
inside, in the mouth, in bed; just one touch and you collapse.

The streetlights blink with an insistent red, pushy red flags
fill the streets of an unknown country. Dim corpses,
wrapped in St. George ribbons, sweet mummies in empty bars and
        restaurants
having a nice talk — about the possibilities of independent art and new
        forms,
about the posthuman world, about cheese and wine, which shall melt
our hearts, the hearts of the "backward." While the virus of outskirts,
        the virus of borders
is already destroying their common sense, dear reason. Here's a
        question —

How many sides are there today in this war?
No more no less, no more no less. A transparrent cruiseship
crosses the borders of several countries. The leaders inside, bloated
        with fat and fear
look down, above the black clouds of hatred and wrath,
finishing their final cruise. These demands raised against us

с гулом проваливаются в темный пустой пищевод.

Орудия, направленные внутрь себя. Внешние конфликты—во
    множественных
разрезах, провалах, паралич памяти, страх рождения—все
    собирается в единый момент.
Мертвых птичек России и Украины внесли теперь на досках сырых.

Скелеты валют на мертвой бирже, материя, плотно осевшая в ночи
    мира…—
Снова знакомые песни услышу я,
Снова весенние улицы полны боевых антифа.
Снова могу любить тебя,
Снова и снова, пока не исполнится миром ночь мира,
Не откроется наша победа.

fall into the dark empty gullet with a hum.

Artillery aimed inside yourself. Foreign conflicts—in the myriad
incisions, failures, paralysis of memory, fear of birth—all collecting in a
single moment.
They've brought in the dead birds of Russia and Ukraine on damp
boards.

Currency skeletons on the death exchange, matter, a thick sediment in
the night of the world...
Again will I hear familiar songs,
Again the spring streets are filled with antifa combatants.
Again I can love you,
Again and again, until the world night fills with peace,
And our victory is laid open.

* * *

я перехожу на станцию Трубная и вижу—огонь
я выхожу на Университете и вижу—огонь
я спускаюсь на Чистых и вижу—огонь
когда мы упали на Беговой, на Выхино, мы видим—огонь, огонь, огонь

мальчики и девочки с глазами налитыми кровью
(к черту 68-й)
студенты в шапках с помпончиками
молча идут рядом со мной
и вдруг внезапно выкрикивают: «ОГОНЬ! ОГОНЬ! ОГОНЬ!»

задушенные темными леггинсами
вспыхивают университеты
учебники трусливой словесности
перемешаны с тусклой продукцией
вспыхивают со мной

только этой ночью мы стали младше
и каждый хочет быть честным с самим собой
он одевает каску и щит и шепчет: «огонь»
он не выдерживая режет руки в общаге в сибири в толчке и
        шепчет: «огонь»
он сбивает с ног охрану и падает сам у турникетов, крича; «огонь!»
и охрана кричит: «убирайся ты на хуй, мертвец, в свой 68-й!»

создатели медитативных сетевых вопросов, вспомните
все университеты здесь стоят на крови
и в зачетках и в студаках плещется кровь
в карманах бурлит кровь
в столовых и в барах подают только кровь
а нам кажется это морс, это чай, это еда,
а это кровь, кровь, чёрная тухлая кровь

напиши статью и не в силах сдержать кровь
подшейся к модным политикам и скажи «да, действительно,
        где-то там есть кровь…»
да вот же, придурок, за твоей кафедрой, на твоих кедах, на твоих губах

* * *

I change at Trubnaya station and see—fire
I get off at University and see—fire
I go down the escalator at Chistye Prudy and see—fire
when we fall at Begovaya, at Vykhino, we see—fire, fire, fire

boys and girls their eyes filled with blood
(to hell with '68)
students in hats with pompons
walking silently next to me
and suddenly they start to shout: "FIRE! FIRE! FIRE!"

suffocated with dark leggings
the universities flare up
the textbooks of cowardly literature
mixed with lusterless production
flare up along with me

only tonight we grew younger
and everyone wants to be honest with himself
he puts on a helmet and a shield and whispers: "fire"
he can't take it and cuts his arms in a siberian dorm, in the john, and he
    whispers: "fire"
he knocks over the guard and falls by the turnstiles, shouting: "fire!"
and the guard shouts: "fuck off back to your '68, you're dead!"

creators of meditative internet surveys, remember
all the universities here are standing on blood
blood is splashing around in transcripts and student IDs
blood is boiling in the pockets of clothes
in the cafeterias and the bars they serve only blood
and we think it's berry juice, or tea, or food,
but it's blood, blood, black rotten blood

write an article when you can't keep back the blood
attach yourself to some fashionable politicians and say, "yes, there really
    is some blood here…"
that's right, fool, it's in your department, on your sneakers, on your lips

мы стоим все в крови
и какая тут может силу иметь борьба?
какие слова?

чтобы объяснить важность студенческих действий
сейчас может быть и не нужен в том виде 68-й
чтобы объяснить важность студенческих действий
я выхожу на улицы
я звоню домой
и говорю: «мама, все будет хорошо. никто не спасется.
потому что спасение—это для тех кто верит в давление, верит в
    абсолютную власть системы
спасение—тема для рабов
и нет никакого спасения. мама, мы все спасены. просто нужно увидеть:
вот они шествия, вот миллионы, вот их желание, ярость, вот их огонь.
вот они говорят как умеют, не силясь построить, не силясь преодолеть.
иначе, какое студенчество, иначе
жир жир жир
смерть смерть смерть

пока мы писали и трахались пока мучались одиночеством
пока мы разбирались с трупом политики и хоронили в раю
    заплаканную тушу государства
студенты Болгарии захватили Софийский университет и
    потребовали отставки правительства,
они говорят: «потому что мы чувствовали, мы знали, наши
    сограждане поддержат нас»
а Вы говорите: «ну, Болгария не Расия, там меньше трупного яда,
а мы здесь в рашке, под сапогом, под давлением, должны
    выдумывать раком
методы медленной борьбы, четкость политической позиции»
юные трупоеды,
должны выдумывать, блядь, думать внутри
подчинения, конечно, должны подумать, где Надя и где
мертвые мы,
студенты стоящие раком посреди тьмы

наш секс покрыт черным прахом
сеть ритуальных свиданий дешевых стихов и свинцовым вином

we are all standing here covered in blood
and what kind of struggle could have an impact here?
what words?

to explain the importance of student actions
maybe now we don't need 1968 in that form
to explain the importance of student actions
I go out on the streets
I call home
I say: "mama, everything will be fine. no one will be saved.
because salvation is for those who believe in the pressure, believe in the
     absolute power of the system
salvation is an idea for slaves
and there is no salvation. mama, we are all saved. you just need to see:
here they are, the marches, the millions, their desire, fury, their fire.
speaking the best they can, without trying to build something or overcome.
otherwise, what kind of students would they be, otherwise
fat fat fat
death death death

while we were writing and screwing while we were tortured by loneliness
while dealing with the corpse of politics and burying the state's
     lamented carcass in heaven
Bulgarian students have occupied Sophia University demanding the
     government be dissolved,
they say: "because we felt, we knew, that our fellow citizens would
     support us"
and you say: "well, Bulgaria ain't Rush-sha, they've got less corpse-poison,
here in *rusha*, back of beyond, under the heel, under pressure, we have
     to bend over backwards
thinking up slow methods of struggle, clear political positions"
young corpse-eaters
yes, you have to fucking think, think from within
submission, of course, you have to think, where's Nadya and where
are we in our death,
students bent over in the darkness, asses in the air

our sex is covered in black ash
and leaden wine, chain of funeral meetings cheap poems

Павленский прибил себе яйца к брусчатке
и я три года не могу целовать тебя
не могу быть с тобой, любимый
из-за всей этой тьмы
потому что ты слаб, как и все мы

ваши матери—оплыли жиром и плачут
они не могут понять что происходит
в черных лосинах и страшных туниках карабкаются в город
по распродажам карабкаются в смерть
молоко со скидкой протухшие их вагины
могущие только рожать: «да здоровью русской нации, нет мигрантам,
пусть уходят из нашей вагины-Москвы»
наши матери жирно рубцующие мертвое тело страны

наши матери—хозяйственные сгустки плоской агрессии
и всё говорит им: «бери!»
наши отцы гладкие больные ластики убаюканные мнимой едой
        мнимой войной
а наши отцы, те что работают на заводах в провинции
подобны деревьям раскинувшим ветви гнойной зимой
а вы говорите: «Галя, причем тут 68-й?»

тут НЕТ никакого интеллектуального бунта
я выхожу на улицы
и вижу: только огонь

я умираю на улице
и последнее что я вижу—это огонь
мои друзья накачанные тяжелыми препаратами
выходят за мной
мы расщепляемся в недрах и все что мы видим
это не рай не ад это политическая система, суть которой: огонь
суть которой повтор и неузнавание до смерти,
повтор, пока жир и ужас не сойдут с наших людей
с наших сограждан
нет ножа
нет другого оружия
нет здравого дискурса

Pavlensky nailed his balls to the paving stones
and for three years I can't kiss you
can't be with you, my beloved
because of this darkness
because you are weak like all of us

your mothers grow fat and bloated and cry
they can't understand what's going on
they scramble into the city in black leggings and terrifying tunics
through clearance sales they scramble into death
discounted milk their rotten vaginas
able only to give birth: "yes to the health of the Russian nation,
      no to migrants,
get out of our Moscow-vagina"
our mothers leaving fatty scars on the dead body of the land

our mothers—domestic clots of flat aggression
and everything tells them: "take it!"
our fathers smooth sick erasers lulled to sleep with imaginary food
      imaginary war
while our fathers, the ones who work in provincial factories
resemble trees spreading their branches in a pus-filled winter
and you say: "Galya, what's this got to do with '68?"

this is NOT some intellectual rebellion
I go out on the streets
and I see: only fire

I die on the street
and the last thing I see is fire
my friends, pumped up on heavy pills
they follow me
we fission in the depths and all we see
this isn't heaven isn't hell it's a political system, the essence of which is fire
the essence of which is repetition until death and a failure to see
repetition, until the fat and the horror leave our people
our fellow citizens
there's no knife
no other weapon

нет публичных лекций
нет крови
нет поэзии нежной
нет нежности страшной в последний
момент:

они бросили тело мигранта на рельсы
они заживо снимают кожу с наших друзей
они накачали ляжки и приходят убить
они изнасилуют пока ты конспектируешь биографию Лермонтова
они убьют и бросят на рельсы пока ты мечтаешь о карьере физика
      мечтаешь выкрутиться
пока ты думаешь о пилотируемых полетах к другим галактикам
они закроют флагом смертельным все небо и словно там ничего не
      было
нет никаких галактик
и ты, может быть, кое-как дописав свой конспект, пойдешь
      насиловать,
пойдешь заживо снять кожу с мигранта или с бомжа
или крикнешь бизнес—это любовь
потому что они это ты потому что нет никакого классового врага
только жестокость они
только предательство мы
только молчание я
без любви, без силы, без секса, без времени, без 68-го
феминистский плач с иглой в языке
слабые мальчики в черных подтяжках
студенчество без студенчества
поставленное раком в офисах
мертвое образование в лаковых сапогах
страшные русские дядьки с бородками с портфелями с хилыми
      мыслями
словно корнеплоды застывшие в университетах
в черной земле
выжженный облик плодородия, дряхлый труп серебряного века
труды Циолковского на костях загадочных животных
мутант президента в обнимку с Ахматовой
твой смертельный спорт и красная икра

no reasonable discourse
no public lectures
no blood
no tender poetry
no terrible tenderness at the last
minute:

they threw the body of the migrant on the tracks
they skin our friends alive
they pump up their haunches and come to kill
they will rape you while you're taking notes on Lermontov's biography
they will kill you and throw you on the tracks while you're dreaming of
     a career in physics, of getting off scot-free
while you're thinking of manned flights to other galaxies
they will cover the whole sky with a flag of death as if there's nothing
     there
no galaxies at all
and maybe, when you're done with your half-assed notes, you'll go
     and rape
go skin alive a migrant worker or a homeless man
or you'll shout business is love
because they are you because there is no class enemy
only cruelty they
only betrayal we
only silence I
without love, without power, without sex, without time, without '68
a feminist wail with a needle in the tongue
weak boys in black suspenders
student community without community
bent over for a fuck in the offices
dead education in polished boots
terrifying middle-aged russian men with little beards with briefcases
     and feeble thoughts
frozen in the universities like root vegetables
in the black earth
the burnt face of fertility, the decrepit corpse of modernism
the works of Tsiolkovsky on the bones of mysterious animals
a mutant president embracing Akhmatova
your death sport and red caviar

что здесь есть?
футбольные матчи в нигде
и вибрирующие дряхлые груди наших матерей
и молодость, молодость, молодость,
облитая слабоалкогольным коктейлем
с маленьким лбом и грязными ногтями
молодость, без секса, без ярости, без любви

телевизоры взорванные шпаной
я оставляю свой дом и спешу вам напомнить
пока будущее сало и ещё слой сала и гибкого медленного убийства
    спит в вас
вне времени, вне любви и искусства, вне политических убеждений,
мы—смазка для жопы
контейнеры для смерти
смерть философии
вне знания
мы собрались все
мы, животные, пожирающие других животных,
покрытые косметикой и прыщами
с конспектами тухлыми и оценками вышедшие покурить
на мгновение открывшие глаза
должны видеть огонь

никогда не видеть кровь
ни время
ни цены
ни подчиненных
ни деньги
ни трупы
ни трахающих толпою
ни сало
ни ужас
ни кровь
мы видим только: огонь!

я перехожу из Москвы в Питер и вижу: огонь!
я вижу кричащие университеты
я вижу целующихся

what've we got here?
football matches in nowhere
and the vibrating old breasts of our mothers
and youth, youth, youth,
drenched in a low-alcohol drink
with a narrow brow and dirty fingernails
youth, without sex, without rage, without love

televisions blown up by young hooligans
I leave my house and rush to remind you
while the future lard and another layer of lard and slow, flexible
        murder are sleeping in you
outside of time, outside love and art, outside political convictions,
we are ass lubricant
containers for death
the death of philosophy
outside knowledge
we have gathered all together
animals devouring other animals,
covered in makeup and pimples
with rotten notes and grades gone outside for a smoke
opening our eyes for a split second
we must see fire

never see blood
nor time
nor prices
not underlings
not money
not corpses
not a whole crowd fucking
not lard
not horror
not blood
we see only: fire!

I move from Moscow to Petersburg and see: fire!
I see screaming universities
I see people kissing

я вижу живых
я перехожу из Питера в Новосибирск
из Новосиба в Читу
из Читы в Краснодар и вижу живых
студентов вижу, огонь,
идущих вижу, огонь
дрожащих, чувствующих, слепых,
неуязвимых вижу, добрых, огонь,
тебя вижу огонь
люблю тебя огонь
знание ярость волнение и огонь
оккупантам нашей реальности вижу тюрьму и огонь
где все площади наши—огонь
думающих что дальше—огонь
другие галактики книги науку огонь
смерть антропологической машине огонь
в кремле стоящего Дидро с черепом в руках огонь
Беньямина с красным флагом и чашкой кофе в кремле вижу огонь
всех восставших из лагерей с нами идущих на площади в
        институты огонь
за дедов и прадедов лес и пшеницу огонь
за вино и сигареты огонь
за возможность личной позиции огонь
за солидарность за слабость за снятие блокады огонь
за гибель системы потребления за свержение насилия медиа огонь
за наши встречи действительно встречи живых говорящих нас
        огонь
вне отчуждения вне границ и наций огонь
огонь вне меня и в студенчестве
и в семье и внутри меня и внутри
тебя, который уже знает
огонь
который видит
который говорит: «я сам так хочу, а не чужие мысли дрочу,
я лег под деревом и ем свежую булочку, ем свой хлеб,
по мне пули стреляют и не попадают»
я выхожу на подмосковной платформе и вижу толпы студентов
        марширующих вверх
бледный свободный сводный университет

people alive
I move from Peter to Novosibirsk
from Novosib to Chita
from Chita to Krasnodar and see living people
I see students, fire,
I see those marching, the fire of those
trembling, feeling, blind,
I see the invincible one, kind ones, fire,
I see you fire
I love you fire
knowledge rage emotion and fire
for those who have occupied our reality prison and fire
where all the city squares are ours—fire
thinking what's next—fire
other galaxies books science fire
death to the anthropological machine fire
Diderot in the Kremlin with a skull in his hands fire
I see Benjamin with a red flag and a cup of coffee in the Kremlin fire
everyone rising from the camps and marching with us to the squares
        and into the institutes fire
for our grandfathers and great-grandfathers the forests and the wheat
        fields fire
for wine and cigarettes fire
for the possibility of a personal position fire
for solidarity for weakness for breaking the blockade fire
for death to the consumer system for the overthrow of violence media fire
for our meetings real meetings of people alive speaking us fire
outside alienation outside borders and nations fire
fire outside me and in the students
and in the family and inside me and inside
you, who already knows
fire
who sees
who says: "this is how I want it, I'm not jerking off someone else's ideas,
I lay down under a tree and I'm eating a fresh roll, eating my bread,
they shoot bullets at me and miss"
I get out at a suburban Moscow train station and I see crowds of
        students marching up
pale free consolidated university

еле дрожащий, в воздухе только
в дыме воздвигнутый практикой
в котором любые границы
по швам разорваны словно одежда возлюбленной
с которой встретились снова
в огне с которой легли
и я говорю: «Да. Любимая, да.
Мы встретились снова.»

barely trembling, in the air only
raised in the smoke by practice
in which any and all borders
are torn at the seams like the clothes of your beloved
whom you meet once again
whom you lie with in fire
and I say: "Yes. My beloved, yes.
We are together again."

* * *

сон прошел, Лесбия, настало время печали,
время сбросить кольца и платья на пире кровавом
во славу доброй памяти сестёр наших
будем бить бокалы!

о, Лесбия, время войны настало,
покупать травматику у мужичков коренастых,
в чехол от макбука прятать лезвие, шило
и двигаться, стиснув зубы, через ряды фашни тёмной.

о, Лесбия, это время лежит, как в гробу прижатый,
как у жертвы его рассечен череп
и кровь заливает лицо, взгляд равнодушный.
чувствуешь, как бьется сердце, приложив руку
к груди моей, как эта ночь на нас давит?
настало время вываливаться пьяными на тверскую, на проспект мира
и обниматься.

такое время, что любовь и политика—одно и то же,
а полиция и ненависть—это что-то другое.
где открытые лекции сменяются уроками уличной борьбы,
где дыхание на морозе превращается в воображаемые свободные
        университеты
и на коленях стоит олимпийский мишка,
а рядом с ним на коленях стоит ребенок,
вижу, Лесбия, в руке твоей бритву, волосы спутались, взгляд безумен.

остановись тогда—выживет наше сердце!
глядя в глаза родителям, сквозь пощечины пересекая двор,
пробегая мерцанием сквозь кордоны,
оставляя граффити и стихи,
Лесбия, встань! настало время спеть веселую песню,
сплевывая кровь и зубную крошку,
закрывая руками лицо, раздирая асфальт,
пока наши братья, наши друзья, наши родители
встали в круг и кричат: «хоп! хоп!»

* * *

the dream is over, Lesbia, now it's time for sorrow,
time to throw off our rings and dresses at the bloody feast
in honor of the happy memory of our sisters
let's smash our glasses!

o, Lesbia, the time of war has come,
time to buy guns from stalky dudes
and hide a blade or a shiv in your macbook case
and move with clenched teeth through the dark fascist ranks.

o, Lesbia, our time lies pressed tight in a coffin,
its victim's skull is split open
and blood is pouring down its face, its gaze indifferent.
can you feel how my heart beats when you put your hand
on my breast, how the night weighs on us?
it's time to tumble out drunk onto tverskaya, onto peace prospect
and embrace each other.

it's a time when love and politics are one and the same,
while police and hate are something different.
where open lectures give way to lessons in street fighting,
where frosty breath turns into imaginary free universities
and the olympic bear is on his knees,
and next to him a child is on his knees,
I can see a razor in your hand, Lesbia, your hair is tangled,
        your gaze is mad.

if you stop now—our heart will live through this!
looking our parents in the eyes, crossing the yard through face slaps,
running through police cordons like a glimmer,
leaving graffitti and poems,
Lesbia, rise! it's time to sing a joyous song,
spitting blood and crumbs of teeth,
covering our faces with our hands, ripping up the asphalt,
while our brothers, our friends, our parents
stand in a circle and shout: "opa! opa!"

я не знаю, какие нужно прочесть книги,
какой политической борьбой здесь нужно заняться,
когда вокруг все ни мертвые ни живые,
по сговору, в небытие устанавливают один порядок,
когда водят по губам ссанным членом
за грудой досок на школьном дворе: «щас мы тебя переучим»

этой ночью ни живой ни мертвой,
когда не знаешь языка другого,
вставай, Лесбия! хватит, вставай с колен!
вставай, любимая, даже если на смерть идёт дело
и этот пир, страшный и стремный, эти мясные яства,
эти черви на головах «черной хунты»,
эти выкрики, удары, митинги, всхлипы—всё сгинет в пропасть.

I don't know what books I should read,
what kind of political struggle I should practice,
when everyone around is neither living or dead,
colluding, establishing the kind of order in non-being,
where they drag a piss-soaked dick across your lips
behind a pile of lumber in the schoolyard: "now we'll teach you right"

tonight neither living or dead,
since you don't know the other's language,
rise, Lesbia! enough, get off your knees!
rise, beloved of mine, even if it means death
and this feast, terrible and seedy, this meaty fare,
these worms on the heads of the "black junta,"
these chants and demonstrations, these blows and sobs—everything will
    vanish into the abyss.

СЕКС—ПУСТЫНЯ

я кричу,
я лежу одна
в этом селеньи.—

всё пусто. одна пустота.
секс—это пустыня

вечером,
возвращаясь с работы,
чувствуя желание у станка
или в машине
или на других языковых работах,
чувствуй: там ничего нет, и одна
пустыня.

возвращаясь с работы,
пишу письмо первому мальчику:
зачем, ты обманул меня, ведь там ничего нет
ничего
ничего
одна пустыня

я в пустыне одна,
и желанье уходит,
обнажая секс как зрение,
как дрожание,
на горизонте—тело сухого старика.
вот мой секс.
вот моё будущее.

сотни зверей приидут трахнуть меня,
сперма тигра подымается к облакам,
обезьянки лижут мой клитор,
но ни одна из них не скажет:
«секс—это пустыня»

в саду атавизмов

SEX IS A DESERT

I'm screaming
lying alone
in this settlement.

everything empty only emptiness
sex—is a desert

evening
coming home from work
desiring on the shopfloor
or in the machine
or at some other labor of language
feel it: there's nothing there only
a desert.

coming home from work
I'm writing a letter to the first boy:
what for, you lied to me, there's nothing really there
nothing
nothing
only a desert

I'm in the desert alone
and desire fades
laying sex bare like vision
like trembling
on the horizon is the body of a dry old man.
this is my sex.
this is my future.

hundreds of animals will come and hump me
a tiger's sperm leaps toward the clouds
monkeys lick my clitoris
but none of them will say:
"sex is a desert"

in the garden of atavisms

юбку задрав, прислонившись к колючей ограде,
лицо едва различая
в дебрях кровавых слез,
я, рыдая, скажу: «посмотри, за что мы боролись,
маршируя голыми у государственных дум,
пронзая фаллосом кабинеты правительства,
нет, ничего нет,
секс—это пустыня»
я люблю тебя,
и твой мертвый секс
всё ещё волнует меня,
но пока я люблю тебя,
я чувствую: только пустыня.

гладкий супружеский храм, облитый тухлым вином,
сырые взгляды новых любовников,
объятия мальчиков, покрытые калом, слезами
девочки в черных рубцах с яркими дилдосами,
обнажающие груди перед рекой
людских смертей.

за что мы боролись?
для чего все эти стихи?

погибающий стан народов в глубине аналитика.
умри и ты с ними, аналитик,
говорящий: «пустыня»,
потому что в пустыне нет скрытого наслаждения,
только песок,
только жара,
мастурбация и одиночество:

только женская
только пустыня

толпы яростных мужиков, вращающих цинковые гробы,
толпы ласковых мужиков, летящих на лаковой бомбе,
индустрия разврата космических станций, наука искусства в бане,—
всё зря, размножение—лишь часть пустыни.

lifting my skirt, leaning on the barbed-wire fence
barely discerning a face
in the wilds of bloody tears
I, weeping, will say: "look at what we were struggling for
marching naked past parliaments
penetrating the offices of government with phalluses
no, there's nothing there,
sex is a desert"
I love you
and your dead sex
still moves me
but when I love you
I feel: only a desert.

the smooth temple of marriage doused with putrid wine
the raw looks of new lovers
the embraces of boys, covered with feces, tears
of a girls with black scars and bright dildos
baring their breasts before the river
of people dying.

what were we struggling for?
why all these poems?

the dying encampment of peoples in the depths of the analyst
you die with them, too, analyst
you who say: "desert"
because there is no hidden pleasure in the desert
only sand
only heat
masturbation and solitude:

only feminine
only the desert

crowds of furious men turning zinc coffins
crowds of sensitive men flying on a varnished bomb
the industry of space station corruption, the science of art in the baths—
all in vain, procreation is only part of the desert.

Кети, Кети, вздрочнувшая смерть,
нет лица твоего, нет диалога, нет сил сказать, как всё стало
тебе, нет тебя, Кети, нет идентичности телу в горечи букв.

жезл в распахнутой библии,
марши студентов, лужицы крови в тёмной уборной,
где мой прощальный плач
к мертвым студентам и их движениям
обращение, угасание.

ножами, воткнутыми в бедра,
ласковыми поцелуями событий,
я хочу сказать: вот событие—
секс, секс мёртв, уходит от нас
в разгаре секса, в атавизме желания.

на острие лилий расстегнутых в смешанных картах таро
мы легли в одиночестве,
чтобы пересчитать деньги которые получили
за секс, за боль, за смерть,
чтобы пересчитать укусы и засосы мертвых любовников.

армии маленьких неомортов,
штурмующих постели наших матерей, и наши дети
с голым лобком, почти без зрения.

я лежу одна
в этом селении.

мертвый хуй, торчащий из всей философии,
Ален Бадью ебущий теории, цифры,
рыдающий член, хуй засаленной философии
для чего нужен ты, если б мог ты спасти нас…

в глубине коротких оргазмов, ждущих: где сеть наслаждения?
на берегу моря в рекламной картинке мне по хуй останусь я
с возлюбленным с бицепсами и чайками, с шёлковым платьем и
          розой в волосах
только чтобы не видеть этого

Kathy, Kathy, wanking off death
your face is missing, there's no dialogue, no strength to tell you how it
    came to be this way
for you, you're not here, Kathy, no match for the body in bitter letters.

the rod in a thrown open bible
student marches, little puddles of blood in a dark toilet
where's my farewell lament
for the dead students and their movements
invocation, fade-out.

with knives stuck into hips
with the tender kisses of events
I want to say: here is the event
sex, sex is dead, it's leaving us
in the heat of sex, in the atavism of desire.

on the tip of lilies unzipped in shuffled tarot cards
we lay down in solitude
to count the money we got
for sex, for pain, for death
to count the bites and hickeys from dead lovers.

armies of little neomorts
storming the beds of our mothers and our children
with a hairless crotch, almost blind.

I lie alone
in this settlement.

the dead cock that protrudes from every philosophy
Alain Badiou fucking theories, numbers
a weeping member, the cock of greasy philosophy
what are you good for, if you could only save us…

in the depth of short orgasms, waiting: where, the net of pleasure?
on the seashore in a billboard I don't give a fuck if I stay
with my beloved's biceps and seagulls, with a silk dress, a rose in my hair
only so that I don't have to see this

как едят в пустыне тело мое
секс-объекты, работники и лжецы,
и писатели с раскрытыми черепами—
ретромодернисты, пишущие крикливые сообщения;
я хочу сказать, что мой гной боль и кровь
не ваши гной боль и кровь
прошу не путать эти эстетики, эти постели.

маленькие звезды маленьких докторов
маленькие пустые болезни
ножевые ранения внутрь свидания
жор жор жор
на краю любви
рим рим рим с ценником с крикливым либидо.

о, кто мог
угадать это—
караваны рабов, встречающих нас?

феминисткой печальной, торчащей из жопы верблюда,
перепутавшей все художества, без желания, без цели, ты ушла от нас.
ты подожгла пару секс-шопов, ты плачешь в осеннем парке
с бутылкой винища в руке,
потому что всё зря, потому что секс—это пустыня.

потому что от этого нельзя отказаться,

даже если женщины обоссут все храмы,
а мужики выебут себя автоматом—

будет смерть, будет секс, будет поэзия,

будут розы в пламени,

будет кокаин в бумаге и завтраки
в хлеве, в постель,

тонкие сети с младенцем,

how in the desert they eat my body
sex-objects, workers and liars
and writers with open skulls
retromodernists, writing shrill messages
I want to say that my pus pain and blood
are not your pus pain and blood
please don't confuse these aesthetics, these worms, these beds.

little stars of little doctors
little empty illnesses
knife wounds inside the rendezvous
feeding feeding feeding
at the edge of love
rome rome rome with a price tag with a shrill libido.

o, who could
have guessed—
the caravans of slaves coming to greet us?

like a sorrowful feminist sticking out of a camel's ass
having mixed up all the arts, without desire, without aim, you left us
you burned down a few sex shops, now you're crying in the autumn park
with a bottle of cheap wine in your hand
because it's all for nothing, because sex is a desert.

because you can't say no

even if women piss over all the cathedrals
and men fuck themselves hollow with a machine gun—

there will be death there will be sex there will be poetry

there will be roses enflamed

there will be cocaine in paper wrappers and breakfasts
in the barn in bed

thin nets with a baby

гандоны с игрушками,

ты, мой любимый,

сообщения с признаниями,

я мастурбирую,

ты,

песок в наших телах,

старость, ветер,

очищение, галлюцинации,

и ты, ты, ты,

мой любимый, который врёт:

«молодость, ярость, познание»

анус созерцающий,
анус яростный, минимализм форм,
для русских, которых всё ещё порют,
а они и рады, потому что родились мертвые,
а чем ещё мертвым заняться, — есть время и будет больно.

но есть и лирическая линия:
я кричу,
я лежу одна в этом селении.

ты стрельнешь денег у товарищей, чтобы добраться сюда,
но тебе нет пути сюда.
выеби её и его, выеби других, но не окажешься в этом селении,
говори со мной через ветер, через время, но тебя там нет,

rubbers with toys

you, my love

texts with confessions

I am masturbating

you

sand in our bodies

age, wind

cleansing, hallucinations

and you, you, you

my love, who lies:

"youth, fury, knowledge"

the contemplating anus
the furious anus, minimalism of forms
for Russians who are still being flogged
who are happy because they were born dead
and what else are the dead to do, there is time and it will hurt.

but there is also a lyrical line:
I'm screaming
lying alone in this settlement.

you'll borrow money from your comrades to get here
but there's no road that will take you
fuck her and him, fuck others, but you won't find your way to
    this settlement
talk to me through the wind through time but you're not there
fuck me, but you're not here in this settlement
I'm lying alone

трахни меня, — и нет тебя в этом селении.
я лежу одна.
я кричу: «секс — это пустыня!»

плюрализм мнений, созерцающий: это война,
толпы людей стоящих у экрана, где я говорю тебе:
«секс — это война»,
но останься один и почувствуешь: секс — это пустыня

мы пали
в тело врага
одиноких, в краю, в деревне

мы выросли
в индустрию
в никто

какая, какая огромная эта пустыня

screaming: "sex is a desert"

the pluralism of opinions, contemplating: this is war,
crowds of people standing in front of the screen, where I say to you:
"sex is war"
but remain alone and you will feel it: sex is a desert

we fell dead
into the body of the enemy
of the lonely, at the edge, in the village

we grew up
into industry
into no one

so huge, this desert is so huge

СПЯЩИЕ

THE SLEEPERS

Translated by Joan Brooks

* * *

внутри сна просыпаются спящие, проснувшиеся
дремлют в железных шезлонгах, в кротовьих норах.
политика отсутствия перекидывается в картишки сама с собой.
внутри каждого знака—прямой коридор, по которому
идешь один.

нет смысла осматриваться. от испуга
сжимать кулаки в карманах, вскидывать тело
темноте навстречу, ведь завтра
не обнаружится и следов такого исхода.

солнце
встает над грудой зданий, внутри событий,
где ежедневно,
получив удостоверение неоморта,
перекатывается еще один, еще двое.

«красота в глазах смотрящего», —
сплюнув, скажет земле правый. и будет прав —
если эти глаза вырвать, мы узнаем что там —
внутри каждого способа действовать, видеть
есть мелкие зерна, трудные семена.
если их собрать, то и здесь вновь возможно посеять
смуту и хлеб.

* * *

the sleepers wake inside the dream, those who wake
doze on iron lawn chairs, or in the burrows of moles.
the politics of absence plays a game of cards with itself.
inside every sign is a hallway, straight, down which
you walk alone.

there's no sense looking back. in clenching your fists
out of fear in your pockets, in rearing your body up
to meet the darkness, for tomorrow
no trace will be found of this exodus.

the sun
rises over the heaps of building, inside the events,
where every day,
now certified brain-dead,
another one, another two roll over like waves.

"beauty is in the eye of the beholder,"
says the right-winger to the earth, spitting. and he will be right—
if we tear out these eyes, we'll find out what's there—
inside every means of action, of vision
there are tiny grains, difficult seeds.
if we gather them, even here, we might once again sow
trouble and wheat.

* * *

дышать, чувствуя, как стрелы времени вжимаются одна в другую,
сейчас в сейчас, развязывая узлы, полные распри,
врезая в слова различные окончания, оставляя в дураках это «*что
чувствуешь?*»
там, где ты говоришь «все какое-то беззаконие
течет по каналам и венам, оставляя меня одного»; что-то есть кроме
того, что есть, наплывающее как бы поверху, и твердые основания
     всюду раскалывает,
утверждаясь: политика: каждой овце дал съесть бритву давно
пастух не-сущей природы и теперь: террор, утвержденный в пользе
     для тел
и тела, приносящие пользу, в какой-то момент просыпающиеся
     бесполезными,
как будто бы в темноте спичка гнилая робко входит в смелый
     огненный круг, и тот
тут же сжимается в точку, разносящую зрение в клочья.
(…) круговращенье истощенной речи в застывших закусочных,
     мрачный
друг, тянущий по взаперти пустую поверхность, по-советски прямой—
красное на золотом—вымпел влечения, вброшенный в
     сегодняшнюю несдержанность,
никем не встреченный. жар смутных фильмов в кротовьих норах—
     едва видны; мой
маленький сын на ступенях лечебницы, медленно переходящей в
     зоопарк,
шар, что держу я в руке, волнуясь, пока меня, вздрагивая от слез,
     держит мать
и мрак, что бросает обратно в постель.—
в множество расстроенных струн, едва улавливающих настроение
     любимых, вещей, но все же
лучше, чем «мы», чем холод набрякших метафор, чем длинные руки того,
кто уже сидит на переднем краю, в краю безумия, верхом на стреле
     обнаженным ввинчиваясь
с другой стороны явного—как китайские ножницы он может
     только ходить по лицу,
держать за запястья и больше вообще ничего, уговаривать кровь…

* * *

to breathe, feeling the arrows of time squeeze into one another,
now into now, untying knots full of discord,
cutting all manner of endings into the words, making this "what are you
    feeling?" look a fool
there—where you say "a kind of lawlessness keeps
flowing through veins and canals, leaving me to myself"; there is
    something besides
that which is, as if swimming along the surface, and firm foundations
    split apart everywhere,
affirming: politics: each sheep was given a razor to eat long ago
by the shepherd of non-nature, and now: terror, its utility affirmed for
    bodies
and useful bodies, at some point waking up useless,
as if in the dark a rotten match is shyly entering a brave circle of fire,
    and it
squeezes into a point just then, scattering vision into shreds.
(…) speech, exhausted, revolves in snack bars frozen in time, sullen
friend, dragging an empty surface along lockedness, Sovietly straight—
red on gold—the ensign of drive, cast into today's lack of restraint,
met by no one. the heat of hazy films in mole burrows—barely visible; my
little boy on the steps of the clinic, which slowly becomes the zoo,
the balloon I'm holding in my hand, worrying, while my mother,
    shuddering with tears, holds me
and the dark, which throws me back in bed,
into the multitude of untuned strings, barely catching the mood of your
    loved ones, your things, but still
better than "we," than the cold of swollen metaphors, than the long
    arms of the one
who's already sitting at the front edge, across the border of madness,
    riding an arrow twisting in naked
from the other side of the real—like Chinese scissors he can only walk
    across your face,
hold you by the wrist and nothing else, talk your blood into it…

* * *

слова толкаются внутри столешницы,
вырастают сквозь нее,
мы сидим за столом, и ветер
поднимает наши руки, наши волосы,
двигает наши рты навстречу друг другу,
поверхность должна расшириться,
она тужится, чтобы выйти через себя,
как животное бьется лбом о камни, чтобы что-то узнать.

мы протягиваем друг другу руки в тёмных скважинах,
в прошлом, в моём дворе, где тебя как бы нет, но я вижу,
как ты тянешься (сюда),
как тебе больно,
вижу в зеркале твой увеличенный живот,
там ребёнок, твоё мужское,
твой рот, скрытый в синей постели,
твои волоски на бедрах, твою дырочку, и школу,
узко вшитую вдоль костей.
запах металла, когда — всё перевёрнутое — движется
между двух конкретных огней,
чтобы всё разрешилось — в сторону безнадежности,

невозможное — там, за глоткой, — за кривым стуком слов
в нас стоит один человек
и шлёпает свёрнутый мрак
мокрой ладонью.

* * *

words knock around inside the table top,
grow up through it,
we sit at the table, and the wind
raises our arms, our hair,
moves our mouths toward one another,
the surface has to expand,
it's pushing, to come out through itself,
like an animal beats her head against the rocks to know something.

we draw our hands toward one another in dark wells,
in the past, outside my building, where it seems like you aren't there,
    but I see
how you are drawn (here),
how it hurts you,
I see your distended belly in the mirror,
there's a child there, your maleness,
your mouth, hidden in the blue bed,
the hairs on your thighs, your little hole, and school,
sewn tightly in, along your bones.
the smell of metal when—everything is turned upside down,
it moves through two specific fires,
so everything can be decided—toward hopelessness.

the impossible—there, beyond your throat—beyond the crooked
    pounding of words
there stands in us one person
slapping the rolled up darkness
with a wet palm.

* * *

под вывеской прошлого сложат тела вдоль дорог,
как песню, и звери к ним выйдут сказать: *«уже пришли»*.
в месте глухом, где колхоз прижимается к пламени, как стыд,
к гастроному, к больнице, к абортированной в розовом солнце,
в углом времени, обнявшись—они *ждут*.

что держишь— уже не держи. тело держи мое крепко,
как держишь речь, рот роняя в огонь.

как зернохранилища после полудня здесь начинают гудеть
и чернеет зерно, узнавая площадь сквозь зимний пар.

эта площадь, как миф, ветвясь, испускает стон. пустой свист вертит
      в ухе
регулировщик,—тот, что стрелку времени в вену вонзил и, в
      ребенка вернувшись, ждет
брата с черным пакетом, полным продуктов, ворованных слов.

* * *

under the marquee of the past they will pile up bodies along the roads
like a song, and the animals will come out to tell them: *"they're already
    here."*
in some backwoods place, where the collective farm presses up against
    the flame, like shame,
to the deli, the hospital, an aborted girl in the pink sun,
in fragile time, embracing — they *are waiting.*

what you're holding — don't hold it anymore. hold my body, tight,
like you hold speech, letting your mouth fall into the fire.

here, like grain silos after noon, they begin to thrum
and the grain turns black, recognizing the public square through the
    winter steam.

this square, like a myth, branching out, lets out a moan. the signalman
    twirls an empty whistling in his ear —
he's the one who stabbed time's arrow into his vein and, a child once
    more, waits
for his brother with a black bag, full of groceries, stolen words.

* * *

ступни долго тянутся в темноте тела ночи,
совсем далеко, в котором
разум не двигает ничего, и бедро
распадается, тень говорит иди
и выбрось идею, что можешь
двигаться с этим
реальным событием,
что можешь сюда вступить

фрайеры мрака спят в легких футболках, на досках и рядом
все еще держится мысль, излишек в сон окуная,
чтобы как трезвый там шел вперед
ломая хлеб
разливая суп
рассыпая смеха крупу в уме
в резьбе тварей оружия я держала,
ты держал и сказал: как быть?

я лежала и ты раскачивался
привинчиваясь к отголоскам
будущего в настоящем
отрешаясь от прочитанного
разбрызгиваясь рукой по красному
и водой лежал спокойной твой рот
и верхней крышкой от
слова и
ярость давала вход

без голоса
идти в шахту встречи
туда где последние бьют не врага—
товар. сам по себе, сжимаясь,
он срывается в форму,
и горечь ложится в знак,
где ждал.

* * *

your feet drag long in the darkness of the body of night,
far far away, in which
reason moves nothing, and your hip
breaks apart, the shadow says go
get rid of the idea that you can
move with this
real event,
that you can enter here

chumps of gloom sleep in light t-shirts, on wooden planks, and nearby
still the thought holds on, dipping the extras in sleep,
to walk onward like someone sober
breaking bread
ladling out soup
scattering the grains of laughter in the mind
in a carving of creatures of weapons I held,
you held them and said: what now?

I lay there and you were getting going
screwing yourself to the echoes
of the future in the present
renouncing what you'd read
spraying with your hand over crimson
and your mouth lay there like calm water
and like the upper lid of
a word and
fury let us in

without a voice
to go into the mine of the meeting
where the few remaining ones are smashing not the enemy—
but the commodity. all by itself, contracting,
it tears loose into form,
and bitterness lies down in the sign,
where you waited.

*

вода
и свежая трава
и рассудок

фильм отошедший от стены,
дрожащий где-то за головой
кровать в темном хостеле
под крышкой европы,
на которой сидишь
с гладкой книгой в руках,
но смотришь в стену, которую
одолеть не в силах
это не крах коммунизма
только начало

*

что чувствуешь? что нечто догоняет будущее в прошлом,
перебрасывает через плечо.
сотрудница
сослуживец
сноп времени
скажешь, что делать дальше

только тянут тебя за язык
в насыщенный рай
должен уйти перед тем как войти
в этот пробел, этот знак

утром голову производишь из-под
одеяла, производишь звук, сок
слов любящего, живот
поддерживая в форме до лучших времен,
когда мужчины смогут
когда женщины уйдут, на нет сойдут
в красном лесботстве.

его рука стреляет сама по себе, без оружия,
пальцы огня держат в руках куски земли,

*

water
and fresh grass
and reason

a film that has come off the wall,
trembling somewhere behind your head
a bed in a dark hostel
under the lid of europe
on which you are sitting
with a smooth book in your hands
but looking at the wall that
you are too weak to overcome
this isn't the collapse of communism
only the beginning

*

what do you feel? that something's catching up to the future in the past,
throwing it over its shoulder.
a female co-worker
a male colleague
a sheaf of time
you'll tell me what to do next

only they drag you by the tongue
into a saturated paradise
you must go before you enter
into this blank, this sign

in the morning you produce your head from under
the blanket, produce a sound, the sap
of a lover's words, your stomach
kept in shape until better times,
when men will be able
when women will leave, reduced to nothing
in red dykedom.

his hand shoots by itself, without a weapon,
fingers of fire hold pieces of earth,

обломки домов

и бросают—как соль—свысока—в груду просторной еды—

в новый день

fragments of buildings
and throw them—like salt—from up high—into a pile of expansive food—
into a new day

* * *

товарный знак.
неудача.
«смерть бога».

в тумблере мрачном
религиозная сортировка.

обработчица данных, ижорка,
под солнцем фенотропила,
в огне риталина.

возлюбленное сознание—
язва пеной парит
слева. забывчивые
сограждане на красной площади
в стремных свитшотах, плюшевых кедах.

мутное производство
матовой картины вне зала,
в середине строптивого офиса.

худые однополчане
на фотографии из прошлого века
здесь же, для красоты,
те, что время прибили к рукам
и к ногтям прикрепили оружие. объекты,
что собрались обсудить
мы в съемной студии
под именами животных,

в ожидании тех, кто запаздывает, смотрим, как
парят на экране
дикие кубки.

излучение тел в синих стенах
под шум кофемашины, вскидыванье узла
речевой вроде как природы

* * *

trademark.
failure.
"the death of god."

religious reorganization
on a dark tumblr.

a data entry worker, an Ingrian girl,
under the sun of phenotropil,
in the fire of ritalin.

beloved consciousness—
a wound hovers like foam
on the left. forgetful
fellow citizens on red square
in sketchy sweatshirts, in plush sneakers.

murky production
of a matte print outside the hall,
in the middle of the obstreperous office.

skinny squadron buddies
in a photo from the last century
and in the same place, for decoration,
the ones who nailed time to their hands
and fixed weapons to their claws. objects,
which we have gathered to discuss
in the recording studio
under the names of animals,

in expectation of those who are running late, we watch
as wild goblets
glide across the screen.

the emanation of bodies from within blue walls
to the din of a coffee maker, the tossing up of the knot
of what must be the nature of speech

в знак встречи, места,
в котором идешь боком, пригнувшись, плечом на
мышление. дорога домой
в пригородной электричке,
перекидывая шарики на телефоне
из квадрата в квадрат и дорога от станции
с банкой пива
в окружении прозрачных жучков,
вдоль высоких железных заборов,
к нежным вещам, в которые вжато
тело сожителя.

снова видно, как
на скорой решетке, сцепляясь,
они действуют, но срыв, —

что здесь удерживает мебель и воду?

as a sign of our meeting, of this place,
in which you walk sideways, hunching down, your shoulder aimed at
thought. the trip home
in the commuter train,
throwing balls back and forth on your phone
from one square to another, and the road from the station
with a can of beer
surrounded by transparent beetles,
along tall iron fences,
to tender things, into which is squeezed
the body of your cohabitant.

again it is clear how
on the quick grille, hooking into each other,
they act, but then the breakdown—

what here can hold back furniture and water?

ЛОМАРЬ ЯЗЫКА

*

мы в мрачном мире живём
сквозь узкие щели протискиваясь к другим
через отводы кривые обратно втекаем
в озёра утраты.

одиночество лжёт и лижет внутри.

*

ломарь языка
трудится рядом;
дна в мраке порядка нет.

гулкие пальцы щёлкают, как замóк
на пустыре головы, удерживая
в прохладной чашке ночи
твой разум.

ребёнок
движется вдоль стены
государственной, где время течёт, как грязь
в дурную погоду… потоки, потоки…
всё шатаешься около человека… посиди на дорогу
со мной в складках утра насильных,
в одеяле печёном, словно большие губы войны.

там лежишь один в комфорте дрянном,
закрывая голову от невидимого удара, —

рядом
методично трудится лом,
ковыряя в страхе корявые дыры —
любовь так умеет, возвышенно
вроде…

вопросы сотрудничества.

LANGUAGE WRECKER

*

we live in a pitch dark world
squeezing through thin cracks toward others
through crooked waste pipes we flow back
into dolorous lakes of loss.

solitude inside, lying and licking.

*

a language wrecker
laboring nearby;
the pitch of order is bottomless.

loud fingers click, like a lock
on the wasteland of your head, holding back
reason
in the cool teacup of night.

a child
moves along the wall,
state property, where time flows like mud
in bad weather... streams and flows...
you're still hanging around the human... before you go
sit with me in the forced folds of the morning,
in the baked blanket, like the fat lips of war.

you lie there alone in shabby comfort,
hiding your head from an invisible blow—

nearby
the wrecking bar labors methodically,
gouging gnarled holes in your fear—
love can do this, so sublimely
it would seem...

questions of collaboration.

крест пламени. смерть
супчик готовит, где выдохлось.

*

тусклый друг на пороге возник,
как анахронизм,
что с ним делать, не знаю,
и борьба взаперти
приспособилась как-то.

*

со временем ничего не выходит, —
только тело твердеет.
как железную банку, считай, таскаешь его
в гости, на площадь, таскаешь его, как чужой,
мягкий боец болтливый
хуй знает чего

*

на заборе империи пишут: «можно вообще всё»
левая партия снова к власти пришла в США
говорят овощи из костра,
обливая горячим соком глубокий сон:
хочешь есть вставай боец
боец вставай
кто ты есть

*

военный философ военный философ
я философ мира военный, как лотос,
я военный философ былых,
я философ незрячих растений белых,
сознанья створок ракушек-ебушек, камней помятых,
перформеров экологичных,
как границы, как память.
не знаю, о чём ты,
что было, кто с кем лежал в моей книге войны,
карта мира не действует больше в моей книге войны.
читай книгу мою кто ты есть читай

a cross of flame. death
cooks up some soup where everything gave out.

*

a lusterless friend appeared on the threshold,
like an anachronism,
I don't know what to do with him
and under lock and key the struggle
found some way to adapt.

*

with time nothing works out—
only the body hardens.
like a tin can, you might say, you're dragging him
over to a friend's place, out onto the square, dragging him, like a stranger
soft soldier babbling on
fuck knows about what

*

on the fence of the empire they write: "basically everything's allowed"
the left has again come to power in the USA
say the vegetables from the campfire,
pouring hot juices onto deep sleep:
rise, soldier, if you want to eat
soldier, rise
whoever you are

*

war philosopher war philosopher
I am a war philosopher of peace, like the lotus,
I am a war philosopher of peoples past
I am the philosopher of unseeing white plants,
of shell shucker-fucker consciousness, of bruised stones,
of ecological performance artists,
like borders, like memory.
I don't know what you're talking about,
what happened, who lay with whom in my book of war,
the map of the world no longer functions in my book of war.
read my book whoever you are read it

покупай как можешь боец
где — знаешь.

*

жуткий жук как в детстве ползёт по равнине.
всё большое и удивительное… так важно…

………………………………………………
идём в магазин.
через пустырь.

подростки кричат отцу: «черножопый!»

………………………………………………
опухший от света ребёнок.
в школьной столовой.
пир насекомых.

………………………………………………
вижу ещё сквозь просвет: в этом подвале
встретились лидеры государств.

*

на решётку сна — языка решётку: язык истории.
на решётку любви брак решётку кладёт, и ребёнка решётка
на решётке времени горит.
решётка-язык политику завершает.
в решётчатых пространствах анонимус код в решётке дыры бурит
где лаз?
где выход?

что ты сжался в пространстве концентрационном
стиха

*

на утрату времени нет.
в последние сборы зовёт желание.
без ботинок, без паспорта
вдоль ствола, вдоль горы

buy it if you can, soldier
you know where.

*

some uncanny bug crawls along the plain like in childhood.
everything is big and surprising... so important...

....
we're walking to the store.
across the wasteland.

teenagers cry out to my father: "black-ass!"

....
a child swollen from the light.
in the school cafeteria.
a feast of insects.

....
also through the crack I see: in this basement
met leaders of states.

*

onto the grille of sleep—the grille of language: the language of history.
onto the love-grille marriage lays its grille, and the child-grille
burns on the grille of time.
the speech-grille completes politics.
in gridded spaces, Anonymous drills code in the grille of the hole.
where's the hatch?
where's the way out?

why have you squeezed yourself into the concentrational space
of the poem

*

no time for loss.
desire calls us to the last draft.
without boots, without a passport
along the gun barrel, along the mountain

во внутренней тени
идёшь, — всё разладилось,
глупый ломарь.

школы мысли как шкуры гнилые животных расталкивая в
темноте...

за гранью этой вражды
свет нас ждал.

in the shade inside us
you go—everything's out of order,
dumb wrecker.

pushing aside schools of thought like rotting animal skins in the
darkness...

beyond this enmity
light awaited us.

* * *

мы двигались в тесноту возраста,

в сжатых домах,
в переполненных знаками экранах,

мы руками шарили в темноте, чувствуя — *кто-то есть*:

это стрелки жесткие, сбившие время с пути,
землю роют
от себя по бокам.

и то движение, что почти вернулось к тебе,
вот оно, землю роет телом твоим.
мертвое —
пашет изнутри в три погибели сложившийся ум,
как тяжелое поле;
давит, как клюкву, страх.

       *

мы двигались вперед, освободившись от желания...
и уже без желания — скрытыми очертаниями любимый мимо вошел,
а тот, что в доме сидел, вжатый в стол, спросил: *кто вообще?*

тот, кто телом твоим, держа тебя на руках, землю вчера расталкивал,
и растерялся теперь, не помнит — кто ты,
у порога стоит, выжидая,
и рот его полон злом.

       *

мы взялись за руки, но они превратились в гвозди
для нового дома, мы смотрелись в него как в зеркало,
и те, кто там были, чтобы ответить,
предметы уставшие в нас
вышли развесить.

* * *

we were moving into the crush of age,

in buildings squeezed tight,
in screens overflowing with signs,

we groped with our hands in the dark, sensing —*someone's here*:

it's hard arrows, those that knocked time off its path,
digging the earth
away from themselves on both sides.

and that movement, almost back to you,
is there, digging the earth with your body.
the dead —
plows the doubled-over mind
like a heavy field;
crushing fear like a cranberry.

*

we were moving on, liberated from desire...
and desireless now — in hidden contours my beloved entered past
and the one sitting at home, squeezed up against a desk, asked:
        and who's that anyway?

the one who, just yesterday, with you in his arms, rocked the earth with
        your body,
confused now, he doesn't remember who you are,
stands by the threshold, waiting,
and his mouth is full of evil.

*

we took each other by the hands, but they turned into nails
for a new house, we gazed at it as into a mirror,
and those there, in order to answer,
came out to weigh
the objects grown tired in us.

*

тогда мы смогли заняться любовью,
но крик матери мешал заняться тебе:

она снова и снова рожала тебя в бутылку с пустой водой—
(так, чтоб не видно), и отставляла, чтоб рос.

твой детский голос, твой маленький член,
проходя сквозь меня, пили путники; и трубадуры
криком гасили костер.

*

на кафедру, свитую из сосудов и глазных яблок, он зашел, чтобы
      сказать:

за плечом встал, чтобы напомнить:
входит в тебя, чтобы сжечь:

но правда в том,
что близится ночь без страстей.

что письмо темнеет, как ногти голодных,

что отводы краснеют, как знамя в борьбе,

что ум полнится чушью, как рот ребенка.

*

then we could start making love,
but a mother's shout kept you from making it:

she was giving birth to you again and again into a bottle of empty water—
(so it couldn't be seen), and setting you aside to grow.

passing through me, travelers drank in
your child's voice, your little cock; and the troubadours
put out the fire with their shouting.

*

he dropped by the department, woven of blood vessels and eyeballs,
    just to say:

stood over your shoulder to remind you:
enters you, to burn you down:

but the truth resides in the fact
that a night without passions is fast approaching.

that writing is going dark, like the fingernails of the hungry,

that the waste pipes are blushing like banners in the struggle,

that the mind fills with nonsense, like the mouth of a child.

ЖИЗНЬ В ПРОСТРАНСТВЕ

LIFE IN SPACE

Translated by Joan Brooks

ЖИЗНЬ В ПРОСТРАНСТВЕ

*

жизнь в ограниченном пространстве: так, что недостоверно любое
пространство; под мусорным куполом быстрые перемещения в
поисках белой еды; перевёрнутый грузовик с продуктами, дождь,
потоки грязи, сбивающие с ног; вывеска сбитыми символами о том,
что было сохранено: то, что описывало, окружало ситуацию еще до
слов, между отсутствием и проявлением—связки серого времени

*

что-то вроде скульптуры знания с лицом, преображенным
внутренним взрывом; бочки с водой на охраняемой станции
иссякающего состояния; знаковая торговля от камня к камню, но
уже не в уме: тот сам, освобождённый от знака, к тёплому льнёт
животному; круглый свет постепенного тела и утро касания в
столпотворении форм, когда камера в каплях лица обнимает
иссечённое место

*

сознание вчерчивается в глубину состояния, в стену осоки над
промышленным озером; толкование размещает дом на краю
района, вызывая лифт тела в шахту представления; глубина малого
места, держась за занавеску; интерфейс в стачке с потерянным
временем, промышленный череп, поднятый над домом, раскрытые
половицы; она продолжает говорить по телефону и собирать вещи
девушки, он затемнён—ближе к стене

*

невозможно всё свести только к динамике поверхности, динамике
становления: когда она переходит к ней и от неё к нему, «любое
изменение требует наличия определенного невыраженного
избытка или осадка, какой-то нереляционной части объектов,
позволяющих им входить в новые отношения»; в республике
серого света терроризм в ритуальности торгового центра, в
костюме найк, в медицине и технологиях; таяние границы между
телом и средой, когда ты оглядываешься на себя в ней

LIFE IN SPACE

*

life in limited space, making all space unreliable; beneath a cupola of
trash, quick movements in search of white food; an overturned grocery
truck, rain, mud flows that knock you off your feet; battered symbols
on a shop sign about what's been saved: what described, encircled the
situation even before words, between absence and appearance—liga-
ments of gray time

*

something like knowledge sculptures with a face, transformed by an
inner explosion; barrels of water at the station, in the dwindling state of
things, under video surveillance; signs trade from stone to stone but no
longer in the mind: the mind that leans, freed of signs, against a warm
animal; the round light of a gradual body, a morning of touch in the
throng of forms, when the camera in the drops of the face encloses the
cut-up place

*

consciousness traced deep into the state of things, into a wall of sedge
hovering over an industrial lake; explication puts the building at the
district's edge, calling the elevator of the body down into the mineshaft
of thought; the depth of insufficient space, holding onto the curtain;
the interface and lost time on strike, an industrial skull raised over
the building, exposed floorboards; she's still talking on the phone and
getting the girl's things together, he is obscured—closer to the wall

*

you can't reduce everything to simple surface dynamics, the dynamics of
becoming: when she transitions to her and from her to him, "all change
requires some unexpressed surplus or residue, some non-relational
component that allows objects to enter new relations;" in the republic of
gray light, terrorism in the rituals of the shopping mall, in a Nike track
suit, in medicine and technologies; melting borders between the body
and the environment, when you look back at yourself in her

мёртвые деньги, живое пиво, и завод гудит без людей, как раньше,
обнимаясь с пространством, а люди текут в изваяниях камер,
понятых без пространства; купола лишённых жизни растений и
трубки ночных цветов, срубленных где-то за городом; забастовка
фур вдоль трассы и зелёный дым от них; знак разрушенной фабрики
и ночной фермы скрипучий крик; мужчины в больничных масках,
облокотившись на фуру, смотрят как падает её тело; когда она взяла
её за плечи в белой траве, она еще была «им», но двигалась на мне,
как «она», и коридоры камер лица соединялись над нами

*

снова движенье прибито к земле и пьет свой старый напиток
владыка-рабочий в глубине ледника; чёрное солнце горы
спускается в ящик припадка; чувствуешь, как останки травы
обнимают лицо; холодные камеры в каплях лица, которые
смотрят, как в другой глубине он становится ей, становится
столпотворением, ночной органикой перехода под безлюдным
знаком ножа; в открытом пространстве, врезаясь в границы,
освещенные холодным сиянием соединений мелких животных,
она наблюдает, как он становится ей; и пустыня противодействия
одолевает его спящее тело

*

между отсутствием и проявлением связки серого времени; то что
произошло позже—книга любящих, сделанная из плазмы; танкер
поднятый над водой и компьютер из бьющихся рыб; пусть эти двое
беседовать продолжают над гетеротопией взорванных построений,
пока она\он лежит в комнате, отражая закон, а другие в землю и
камни отгружают тела за пределами города; это книга, и ты не
смотришь туда, в её сторону, в её плазму и влагу, прекращённым
мышлением пересекая пустыню знака, видя как становятся они,
она на иссякающую поверхность, в пламенный промежуток

*

получив приглашение, они пришли, не уверенные до конца в
существовании хозяев этого места, поднимая узлы животных
и личных вещей над скрытой колонией, они шли, огибая лес
растерянных сооружений; на стоянке она трогала книгу, ещё

*

dead money, real ale, and like before, the factory hums with no one there, embracing space, while people flow inside the idols of cameras, understood without space; cupolas deprived of the life of plants and the trumpets of nocturnal flowers, cut down somewhere outside the city; the 18-wheelers on strike along the highway and the green smoke that wafts from them; the sign of a destroyed factory and the creak and scream of a night farm; leaning on one of the trucks, men in hospital masks watch her body fall; when she took her by the shoulders in the white grass, she was still "him," but she was moving toward me as "her," and corridors of face-cameras came together above us

*

again movement is hammered into the earth and the worker-ruler drinks his old drink in the depths of a glacier; the black sun of the mountain sinks into the box of a seizure; you feel the remains of grass hugging your face; cold cameras in the face-drops, watching him become her in other depths, become the throng, the organic night substance of transition under the unpopulated sign of a knife; in open space, cutting into borders, illuminated by the cold flashes of small animal couplings, she observes him become her, and the desert of reaction overpowers his sleeping body

*

between absence and appearance the ligaments of gray time; what happened later—a lovers' book made of plasma; a tanker raised above the water and a computer of thrashing fish; let these two go on talking above the heterotopia of exploded structures, while she\he is lying in the room, reflecting the law, and others unload bodies into the earth and stones beyond the city limits; this is a book, and you aren't looking in the right place, in its direction, its plasma and moisture, crossing the desert of the sign with arrested thought, seeing them, her, become onto the dwindling surface, into the flaming interval

*

they were invited, so they came, not completely sure of the existence of the people who ran the place, raising interchanges of animals and personal effects above the hidden colony, they went on, skirting past a forest of confused structures; she was touching a book where they stopped,

оставаясь им, а он шёл с ними, ещё оставаясь инструментом, голодом миграции в ожидании места, которое когда-нибудь настигнет их, лежащих в иссякающем пространстве с разряженными мобильниками старого образца, покрытых светом ночных насекомых, цыганским огнём; стать ей, стать странной машиной, не расположенной в пространстве страны, — так думал он, отдыхая в яме под гамбургом, закрывая руками от летящих сверху горстей земли камеру в каплях лица, стать влажной, огнем миграции

*

видя, как танкер поднимается над водой, он понимает: пора перейти к ней по этому коридору, освещенному хлопковым светом мелких животных соединений, где ходят во сне люди в военном и штатском; где проводится длительное собеседование о причине границ; люди в военном и штатском, не до конца просыпаясь

*

что-то вроде скульптуры знания с твёрдым лицом, реображенным взрывом; бочки с водой на охраняемой станции состояния; знаковая торговля от камня к камню: тот сам освобождённый от знака к тёплому льнёт животному; это книга матери или танкер без знака, поднятый над водой равниной состояния; сколько их было в тебе, когда она это читала, когда он сказал «только коммунизм приводит в движение слова», делает тело простым; пока ты в страхе своём навстречу ему раскрываешь танкер лица

*

устройства из огня, и сообщения в волокнах растений; потоки света по синей плоскости тянут слепого быка, и ты над ним едешь в машине признания на один промежуток ещё возвращён к пустому станку; но есть ли там что-то от нас? то, что стало возможным в прекращённом мышлении

*

как будто иглой ты стала, стал этим утром и прокалываешь восприятие; и снова всё в шов возвращается: то, что ты моя мать или книга, вы вместе погружены в песок лица; капли камер, собранные другими из нас, из нашего опыта, тонкие тени,

still him, while he was walking with them, still their instrument, the
hunger of migration in anticipation of place, the room that will reach
them at some point, lying in the dwindling space with uncharged,
old-fashioned cell phones, dusted with the light of nocturnal insects,
gypsy fire; to become her, become this strange machine, not located in
the space of the nation—or, so he thought, resting in some ditch outside
hamburg, covering the camera in the drops of his face with his hands,
protecting it from handfuls of flying earth—to become moist, with the
flame of migration

*

seeing the tanker rise above the water he understands: it's time to
transition to her along this corridor, illuminated by the cotton light of
small animal couplings, where people in military and civilian dress are
sleep-walking; where a long discussion on the need for borders is taking
place; people in military and civilian dress, not yet fully awake

*

something like knowledge sculptures with a hard face, transformed by
an explosion; barrels of water at the station of the state of things, under
video surveillance; signs trade from stone to stone: the mind freed of
signs leans against a warm animal; this is a mother's book or a tanker
without a sign, raised above the water by the flatlands of the state; how
many were inside you when she read it, when he said, "only communism
brings words into motion," and makes the body simple; you're in your
fear walking toward him and you expose the tanker of your face

*

a device of fire and messages inside plant fibers; a blind bull dragged
along a blue plane by flows of light, and you, riding in a confession
machine above them, returned across one more interval to the empty
lathe; but is there anything of ours there? what became possible in
arrested thought

*

as if you've become (as she, as he) a needle, became this morning,
piercing your sense of things; again, everything turns into a stitch: that
you're my mother or a book, immersed together in the sand of the
face; camera drops collected by others of us, from our experience, thin

организующие огонь и глину, доставляют касание к тебе через невозможный момент, пропущенный знак в действительной книге

*

воображённое поле, и тело, утраченное на границах прерванного мышления, становится картой застывшей поверхности твоего дыхания; D. погружает руки в собаку, ещё теплую и делает заключение о мышлении, но отбрасывается вовнутрь их совместного состояния гулом новых распределений; они вмешиваются в D. и поднимают собаку, омывая временем, чтобы оставить вне восприятия, общего сна, отражённого в сердцевине выжившего ума; тем временем, там, в глубине восприятия собственника D. не может ничего, и судорога прокатывается по его телу, заставляя непрерывно строиться карту путешествия; конец путешествия—стать её проявлением, двигаться её животом

*

внутреннее слабо размещено; они решают освоить обычный звук, чтобы затем покрыть им ледник, стать синхронным пространством голоса и ледника, поражённым теплом состояния; то, что после второго прикосновения движет ледник ума к месту без знака, оставляя там; они сделали дома из мусора, из новых трудовых сил, чтобы иметь возможность остаться здесь, но гул ясности был сильнее, чем ограниченное пространство голоса и ледника, оставленное иссякающим мышлением; теперь камера обнимает лицо, и дождь сам произносит «дождь», но иначе; долго ли так будет, ты спросил, погружая в землю красные пальцы; пока прикасаемся

*

жилые пространства, отделённые от диких потоков воздуха; толпотворение комнаты, приготовленной ранее для одного ола, не выдерживает места; костёр восприятия, прижимающий ело к стене: как ты на это смотришь, закрытый в комнате распределённого момента; чёрная пыль глаз, фрагменты горы, собравшиеся внезапно в гору состояния, когда пустыня противодействия одолевает его спящее тело; ускоренный звук, отправляющий слепок музыки к внутренностям спокойного участка; кислота книг, собранных для отправления византийским частям

shadows, organizing fire and clay, they bring you touch through an impossible moment, the sign missed in the *real* book

*

an imagined field, and a body lost on the borders of interrupted thought, becomes a map of the frozen surface of your breath; D. sinks his hands into a dog, still warm, and reaches a conclusion about thought, but the hum of new distributions casts him out and into their shared state; they meddle inside D. and raise the dog up, washing it with time, leaving it beyond sense, general sleep, reflected in the survived mind's core; meanwhile, there, in the depths of the property owner's sense of things, D. can do nothing, and a shudder rolls across his body, drawing up the map of his travels without end; the travels' end is the dog's appearance, to move as its stomach

*

the inside is weakly distributed; they decide to seize control of everyday sound and cover the glacier, become voice and glacier in simultaneous space, defeated by the warmth of the state of things; which after a second touch moves the glacier of mind toward the place without a sign, leaving it there; they made buildings out of trash, out of new labor forces, to have the option to stay here, but the hum of clarity was stronger than the limited space of voice and glacier, abandoned by dwindling thought; now the camera hugs the face and the rain itself pronounces "rain," but *in another way*; will it be like this for a long time, you asked, sinking your red fingers into the earth; while we lightly touch

*

living spaces, separated from the wild flows of air; the throng of the room, prepared in advance for a single sex, cannot withstand place; the wood fire of sense, pressing your body to the wall: how are you looking at it, closed up in the room of a distributed moment; the black dust of eyes, fragments of a mountain, suddenly gathering together into the mountain of the state of things, when the desert of reaction overpowers his sleeping body; sped-up sound, sending a molding of music to the guts of a calm piece of the earth; the acid of books gathered for the Byzantine divisions

*

двигаясь от метода к размещению исключённого под мусорным
куполом, в тени твоего живота, оставленные огнём восприятия,
они—лишь промежуток, перехваченный отстранённым моментом
лица, точнее, камеры, погруженной в лицо; названное ранее
бездействует, сдерживая тем самым ледник бедного значения

*

если это всё еще можно считать восприятием, то они могли
бы остаться здесь, среди других форм; скрытые памятью или
нагруженные узлами будущего, снимающего состояния слой за
слоем с мёртвых тканей, запускающего процессы регенерации
прямо в земле; множество новых рецепторов у тех, кто сверху,
направленных на то, что происходит в земле, в вывернутых корнях,
когда приблизилось её лицо, точнее, камера, вписанная в капли лица,
чтобы принять нас за окружающие превращения; то, что видит и то,
что говорит, размещено таким образом, что встреча стала возможной

*

быть состоянием, столпотворением в зеркале аральского дна;
земные, красные, вращаясь вокруг себя, они движутся, поднимая
песок, как второе небо, регенерируя свои ткани; но колодец
этой пустыни был отравлен новым свечением, пока выжившие
мигрировали; тысячелетний компьютер, собранный из скелетов
рыб; нефть, вытекающая тонкими струйками изо рта, читающего
сообщение

*

мы пришли сюда через два экрана как если бы это было так, что ты
коснулась нас, и уже не нужно думать о машинах, желать машинами;
глина закрывает горизонт и сухие трубки растений прокалывают
восприятие; став двумя, мы никем не становимся, и лежим отовсюду,
прижимаясь к земле, пока танкер, поднятый над водой, делает море
твердым; то, что скрылось во времени после движения, становится
первым смятением в комнате тела, приготовленной для одного пола;
оно поднимается, камни новых животных сбрасывая в углубляюще-
еся пространство; чтобы иметь участок, говори его собой; место уже
сожжено там, где должны быть двое и больше, поэтому оживает, как
и прежде, один, используя участь каждого для получения редкой воды

*

moving from method to placement of what is excluded under the
trash-cupola, in the shade of your stomach, abandoned by the fire of
sense, they're only an interval, seized by a detached moment of face,
that is, camera sunk in the face; what was named before is idle, and in
idleness it holds back the glacier of poor meaning

*

if we can still call this a sense of things, then they could stay here,
among other forms; hidden by memory or loaded with highway
interchanges of the future that removes the state of things layer by layer
from dead tissue and unleashes regenerative processes right in the
earth; the ones above have countless new receptors for what's happen-
ing in the earth, in the twisted up roots, when her face approached,
that is, the camera inscribed in the drops of her face, to accept us as
neighboring transformations; what sees and what speaks are positioned
in such a way that the meeting became possible

*

to be the state of things, the throng in the mirror of the Aral Sea floor;
earthly, red, revolving around themselves, they move, raising up the
sand like a second sky, regenerating their tissues; but the well of this
desert was poisoned by a new radiance, while those who survived mi-
grated; a thousand-year-old computer made from the skeletons of fish;
oil flowing in thin streams from the mouth reading this message

*

we arrived here through two screens, as if it were true that you touched
us, and we no longer need to think about machines, desire as machines;
clay closes the horizon and sensation is pierced by the dry trumpets
of plants; become two, we become no one, we lie from all directions,
pressing into the earth, while the tanker raised above the water makes
the sea hard; what was hidden in the time after movement becomes the
first disturbance in the body's room, prepared for a single sex; it rises,
casting the stones of new animals into the deepening space; if you want
a piece of the earth, speak it with yourself; the space for two or more is
already burned up, so only one returns to life, just like before, using the
lot of each to get rare water

＊

направленное движение и движение лишённое состояния; шахты
памяти в которых сверкает черная кожа, двигаются белки детских
глаз; память носителя взрывается до выгрузки в общее восприятие;
частности, погруженные в общение с собственным отражением,
едут по дорогам серого знака, передвигая дряхлый экран;
отовсюду приближается плотная пыль, потому что некто высекает
всё же ощущение общего из столпотворения форм, вбивает в
пространство новую станцию для мигрирующих, а после оставляет
остывать в долине узлов свой печальный молот; состояние идущих
поднимает танкеры над водой и заставляет рыдать камеру в каплях
лица, напоминая, что прилегает к иссякающей форме—взгляд,
дождь у подножья горы, ступени огня в глубине восприятия,
перевернутый грузовик с продуктами, дождь, произносящий
«дождь», она в нём, красные прямоугольники рыб, существа в
военном и штатском; публичная речь организована по типу
бурения скрытой поверхности, на которой каждый камень знает
своё состояние, а ты—нет

＊

что он чувствует, ежедневно двигаясь по одному маршруту, что
видит она, не покидая комнаты восприятия; прошло время с тех
пор как тела, отчуждённые от производимых форм, припадком
све-тились, рассекая руки движущихся под воздействием солнца;
ледник и животное сливаются в огне состояния; вещи друг друга
теснят, образуя языковые скульптуры на участке, где что-то
случилось после тебя

*

directed movement and movement deprived of a state; mineshafts of
memory where black skin glistens, the whites of children's eyes move;
the drive's memory bursts before downloading into the general sense
of things; particulars, sunk in conversation with their own reflections,
travel roads of the gray sign, moving the dilapidated screen; thick dust
comes from all directions as someone carves a feeling of the general out
of the throng of forms, pounding a new station for the migrants into
space, then leaving his sad hammer to cool in the valley of interchanges;
those walking, their state, raise tankers above the water, making the
camera in the face drops weep, reminding us of *what* adjoins the dwin-
dling form — the gaze, rain at the foot of the mountain, steps of fire in
the depth of sense, an overturned truck with groceries, rain pronounc-
ing "rain," she in him, the red rectangles of fish, beings in military and
civilian dress; public speech is organized according to how one drills the
hidden surface, upon which every stone knows its state, but you don't

*

what does he feel, moving along the same route every day, what does
she see without leaving the room of sense; time has passed since bodies,
alienated from the forms they have produced, glowed with seizures,
cleaving apart the arms of those moving under the sun's influence;
glacier and animal flow together in the fire of the state of things; things
crowd one another, forming likenesses from language on that piece of
the earth where something happened after you

ПРАЗДНИК

*

развернутое в действительности диалектическое движение не
приносит разрешения, это—неуспех (он знал это). потому что
за этим всегда есть та (тот), кто мечется между двух окон, не
принимая установленных величин, пространства и времени. и
потому, что еще *за этим* есть *одно окно, одно значение*

*

поэзия приобретает форму, испытывая отвращение к форме,
устанавливая коридоры насилия, прикрывая дверь, оставляя
закрытую комнату знака длиться вглубь

*

и продукты висят в смутном времени *по одной цене*

*

и голос
несет себя сам

*

он говорит: ты считаешь, что они живут в классовом гетто, но не
можешь это обосновать, ищи язык. язык скажет: *но я не искал тебя,
чтобы давать значение.*

*

тело вертится в уме, накручиваясь на праздник.
стол усыпан мелкой свеклой, выпеченными баурсаками.
скошенные хвосты рыб, нарезанные части
оклада, движение детей вокруг
разрывает подготовку ума
к перешиванию одежд

*

он скажет: искал тебя, но вряд ли это было надо, искал сообще-ния,
усвоенные золой, дикие места, где зола все еще водится. скажу:
этой золой мои родные омывают ноги, ей моют посуду, знаю, как
обращаться с золой

HOLIDAY

*

When unfurled into reality, dialectical movement does not bring resolution—this is not success (he knew that). because behind it is always she (he)—the one flitting back and forth between two windows—rejecting established quantities, space and time. and because *behind that* there is *one window, one meaning*

*

poetry acquires form while feeling revulsion for form, establishing corridors of violence, covering the door, allowing the closed room of the sign to endure deeper within

*

and the groceries hang in murky time, *all for one price*

*

and a voice
carries itself on its own

*

it says: you think they live in a class ghetto, but you can't back up your claim, look for a language. language says: *but I wasn't looking for you to give you a meaning.*

*

meat spins in the mind, turning around the holiday.
chopped beets and baked fritters cover the table.
the tapered tails of fish, sliced pieces
of the framework, the circling motion of children
tears apart preparation of the mind
until it becomes the resewing of clothes

*

it will say: I looked for you, but it was hardly necessary, looked for messages assimilated by cinders, wild places, where cinders can still be found. I will say: my family soaks their feet in these cinders, they wash their dishes in them, I know how to deal with cinders

на праздник без знака

*

белые штаны и стриженные ногти

его ногти собранные в ладонь

зашитая к празднику одежда

мать разделанная

стоит

в центре стола

*

она спрашивает: если началось столпотворение форм,
почему я здесь?

*

А. говорит: занимаюсь цветокоррекцией, отсматриваю сотни часов,
годы снятых фильмов, кадров и меняю им цвет, потому что их (тех,
кто производит), перестал устраивать цвет как таковой, думаю, что
они не видят, не различают его, живут после цвета.

*

он пьет все что движется рассматривая каждого как возможность
получения воды

*

мы не движемся больше возвратно, обтянутые кожей орудия. мы
едим ночь и землю жуем, и ночь ест из нас, выталкивая отовсюду

*

слоты горизонта покрылись пеной руды, место крови
само изгибом пошло
гулять по земле

for the holiday without a sign

*

white trousers and clipped fingernails

his fingernails gathered into his palm

clothes sewn for the holiday

mother, dismembered,

stands

in the middle of the table

*

she asks: if the thronging of forms has begun,
then why am I here?

*

A. says: I do color correction, examining hundreds of hours, years of
films, frames, and I change their color (to what?), because they (the
ones who produce them) are no longer interested in color as such, I
don't think they see it, don't distinguish colors, they live after color.

*

he drinks everything that moves investigating each as an opportunity
to get water

*

we no longer move backwards, instruments stretched over with skin. we
eat the night and chew the earth, and the night eats from us, pushing
us away from every direction

*

the slots of the horizon are covered in the foam of ore, the blood space
went curving over itself
to roam the earth

район извернулся: стало видно как в мокром огне времени
стесненные свертки существ
впали в автобус

*

бедность сегодня не дает ключей к истории, есть ключи в лимб
автономных практик, иллюзорных политик, расширенного
производства, и параллельный конструктивистский само-
организованный прорыв, проёб, автор повторяющегося текста на
вокзале собирающий в наплечную сумку пластичность сознания.

*

край ночи—классовая селекция: мир одного значения, в котором
орудуют ломари языка

*

работа поэзии становится все более отличима, как труд, как
смешение форм труда, происходящее без превосходства. мне снится,
что мы никогда не узнаем: что такое—*письмо доступное всем?*

*

детали производятся. рядом с деталями лежат. руки взлетают
вверх и вниз, вне зависимости от нашей позиции относительно
их движений. земля по-прежнему взрыта. доступ к шахтерам
закрыт. где твои налобные фонари языка, чтобы осветить эту тьму
направленностью? но лоб напряжен и без света, пока другую
вспенивает тьму рядом с болтливым

*

находясь в «истории», погружаешь руки в острое ведро

чьи это руки?

по Иртышу плывут вздымаемые водой огромные куски тины

Усть-ишимский человек держит железо прошлого назначения
на берегу

the neighborhood twisted: now you can see how in the wet fire of time
the cramped folds of beings
fell onto the bus

*

today poverty doesn't give us the keys to history, there are keys in the
limbo of autonomous practices, illusory politics, expanded production,
and the parallel constructivist self-organizing break-through, fuck-up,
the author of a repeating text at the station, gathering the plasticity of
consciousness into his shoulder bag.

*

the edge of the night is class selection: the world of one meaning, from
which the language wreckers take their tools

*

the work of poetry is becoming ever more discernible, like labor, like a
mixture of the forms of labor, occurring without dominance. I dream
that we never learn what it is, *writing accessible to all.*

*

the production of details. they lie beside details. arms fly up and down,
irrespective of our position in relation to their movements. the earth is
dug up as usual. access to the miners is closed. where are your head-
lamps of language to illuminate this darkness with direction? but the
forehead is tensed even without light, frothing up a different darkness
beside the garrulous

*

being located in "history," you sink your hands into a sharp bucket

whose hands are these?

giant pieces of mud flow along the Irtysh, raised up by the water

Ust-Ishim man holds the iron of a purpose past
on the bank

*

когда кровь станет матовой, а матка волшебной, и земля станет
вся из плодов—овощей и фруктов, вмерзших в землю, и мы
будем собирать их, чтобы отнести на нефтяную вышку, где вместо
откачивания нефти наши друзья играют музыку и что-то пьют,
я разрежу плоды, а из них посыплются семена значения во
множестве, предложу подруге съесть их, а она скажет: «ты что,
хочешь обидеть меня?»

нет, вот другие яблоко и перец, без семян, возьми

*

when blood becomes matte, and the womb magic, and the earth is
covered with its fruits — fruit and vegetables, frozen into the earth, we
will gather and carry them to the oil derrick, where instead of drilling,
our friends are playing music and drinking, I'll slice the fruit, and seeds
of meaning will fall in multitude, I'll offer them to my girlfriend to eat,
and she'll say: "what, are you trying to hurt my feelings?"

no, here's a different apple and pepper, without seeds, take them

ВРЕМЯ ЗЕМЛИ

*

равномерно распределенные фигуры в
органическом ожидании пустой поверхности;

монотонные буры сосен вкручиваются в землю,
организуя взгляд; слоты горизонтов, забитые глиной; фигуры
стали фоном путешествия, одним
движением вне значения;

очертания, вправленные в глубину раны пейзажа,
желтые сколы берега,
буйное цветение железных фигур на невозможном участке;

могилы, укрытые северным папоротником, дождь,
дикие круги человек тянет к восстановленному полю,
где коровы, вбитые в землю, внутрь состояния смотрят;

(…)

спустя время, ты говоришь: движение—это луковица урагана,
с которой разрушенными руками
раз за разом снимаем новую силу, если
представление было утрачено

*

покинутые участки раскопок, покрытые снегом; в поселении на
заднем дворе разделанное что-то вскрикивает остаточно; но нет
того, кто рубил, есть остатки того, кто смотрит, не сообщаясь с
другими фигурами; единый слух распространен над поселком,
исключенный наверх твердостью старых структур: глиной, камнем,
спилами сосен, их вывернутыми корнями, укрывающими остатки
универмага, руины хлебных киосков, палатку с одеждой; машина на
берегу сигналит об утраченной смелости шага; но снится, что в доме
снова все происходит: она хлопочет возле стола, перемешивая части
муки с частями воды; спрашиваю ее: *как*, после того, что случилось,
ты делаешь это в доме? отвечает: знаю, *что* случилось, но это не
мешает мне месить муку с водой в моем доме, удерживать этот дом

TIME OF THE EARTH

*

figures evenly distributed in
organic anticipation of an empty surface;

the pines like monotonous drills screw into the earth,
organizing the gaze; the slots of horizons, filled up with clay; figures
become the ground of travel, in one
movement beyond sense;

outlines inserted into the depth of the landscape's wound,
the yellow clay of the chipped river bank,
the wild blooming of iron figures on an impossible piece of earth;

graves covered with northern ferns, rain,
the savage circles a human drags towards the restored field,
where cows, pounded into the earth, look into the state of things;

(...)

sometime later, you say: movement is a windstorm's onion,
from which we peel off new strength
again and again with destroyed hands, if
the thought has been lost

*

abandoned excavation sites covered in snow; in the settlement, in some
backyard something butchered cries out residually; but whoever did the
chopping is absent, there's only the residue of the one who looks, not
communing with the other figures; a single hearing spreads over the set-
tlement, excluded from above by the hardness of old structures: by clay,
stone, offcuts of pines, their inside-out roots, covering the remains of an
old department store, the ruins of bread kiosks, a stall with clothes; a car
on the bank signals about the lost daring of a step; but i dream everything
at home happening again: she is puttering about by the table, mixing
parts of flour with parts of water; i ask: *how*, after what happened, can you
do that here? she answers: i know *what* happened, but it doesn't keep me
from mixing flour and water in my house, holding the house in place

*

что это—приближается ураган или тела старых деревьев поют о
расколе форм восприятия, о глубинах земли, в которых животных
и каменных состояний катится огненный ком, пока собираю воду в
гнутые емкости маленьким телом; или—заброшенные стадии—мы,
в степи движемся к своему участку; и то, что не знаешь сейчас,
когда прикасаюсь

*

подвижные сколы места замурованного в своем состоянии
узкий шум высыхающих рек и слепые наклоны тайги в каплях
лица разрушенный транспорт двигающий раскрытые в точной
жизни тела, ведра с водой и россыпи ягод ты смотришь в ожоге
реальности обнажая остаточные свойства тела изгибаешь
преображенный рот пустыми сообщениями мира без времени когда
оглядываюсь на тебя а ты смотришь как медленно наклоняются
выстроенные вдоль ишима гнилые электрические столбы,
закольцованные грибными соединениями, как открываются липы в
этом слепом участке возвращенного восприятия

*

слезы или просто что-то пошло не так; чтобы загнать потерю
в страх они начинают молиться; густая еда, опрокинутая на
ступенях прошлого состояния; память становится женским узлом:
двойное имя: одно (мое) в земле, а второе, так (со мной) движется к
столпотворению форм, через устье ишима, в котором все стремятся
занять пустые места;

содержимое живота, выведенное наружу через нос, след от этого
на твоем лице, опущенном в землю; снова держимся за руки с
незнакомым человеком, ливень в июле: те, кто теряют ее, сами
теряются среди воздушных железных квадратов, твердых цветов,
принимая в себя участки лежащих, их внутренность, открывающую
последнюю мощность времени, бедность монет

*

what is this—a windstorm approaching or the bodies of old trees sing-
ing about the splitting of forms of perception, about the depths of the
earth, where a fireball of states of animal and stone rolls, while i gather
water in warped vessels with my small body; or—abandoned stages—we,
in the steppe we move towards our piece of earth; and what you don't
know now, when i touch

*

moving chips of place, walled into their state, narrow noise of riv-
ers drying up and the blind slopes of the taiga in drops of the face,
destroyed transport, moving bodies opened up in precise life, buckets
of water and strews of berries, you look into the burn of reality, laying
bare residual qualities of the body, bending back a transformed mouth
with empty messages of a world without time; when i look back at you,
and you look at the rotten electric poles placed along the Ishim slowly
bending, ringed in by fungal connections, at the lindens unfurling in
this blind piece of returned perception

*

tears or just that something went wrong; in order to shepherd loss into
fear they begin to pray; thick food overturned on the steps of the past
state of things; memory becomes a woman's knot: a double name: one
(mine) in the earth, and the second moves this way (with me) towards
the throng of forms, across the Ishim delta, where everything looks to
occupy empty places;

stomach contents, brought to the surface through the nose, the trace of
this on your face, dropped to the earth; again i am holding hands with
a stranger. a downpour in july: those who lose it, get lost themselves
among the iron squares, hard flowers, taking into themselves the pieces
of earth of those who lying, their innardness, opening the last power of
time, the poverty of coins

*

если даже само восприятие исчезает, дает сбой, что-то еще
проявляет его и ее под слоями земли и глины; их руины памяти
все еще существуют, но неотличимы от папоротника, растущего
рядом с этим местом; возможно, когда-нибудь с точностью снова
будет воссоздан этот момент, без потери его содержания (когда
мы их видим), собранный из другого зрения: лишь глина и камень
удерживают их от восприятия того, что происходит сверху;

тогда мы могли бы снова вернуться в дом: нет никого, кто сейчас
там находится, но мы не в памяти и не в том, что происходит
позже, выходим во двор: все как прежде и так, как не было: тучи
ночных сообществ висят над бочками, раскинуты во все стороны
старые лестницы, между ними — огонь восприятия; изменяя
границы сухого тела, время земли

Усть-Ишим, 2016-2017

*

even if perception itself disappears, fails, something still manifests
him and her under layers of earth and clay; the ruins of their memory
still exist, but they are indistinguishable from the fern growing beside
this place; perhaps there will be a time when this moment will be recre-
ated exactly, with no loss of content (when we see them), gathered from
another vision: only clay and stone hold them back from the perception
of what is happening above;

then we could return again to the house: everyone there now is absent,
but we go out into the yard, not in memory and not in what happens
later: everything like before and like it never was: the clouds of night
communities hang above barrels, old staircases are scattered in all direc-
tions, between them—the fire of perception; changing the boundaries
of a dry body, the time of the earth

Ust-Ishim, 2016-2017

НОЧЬ. ЛЕЖИМ У ГРАНИЦ

*

у них нет движения и нет сна. день отрывается от ночи, а ночь
в землю вбивает день. есть
тот, кто держит собаку за шею, и летит с ней в ночь,
несвязное произнося

*

там где мы оказались,
я тяну за запястья тебя в крик времени. там, где предметы ранее
были размещены

*

твоя кожа и твой живот — владелец. живое не дышит. мир стал тихим

*

зимнее море, ветер которого обрывает лицо по частям. слова,
     которые оттуда
хочу отправить тебе, не размещаются. мир стал тихим

*

впереди только ледяные бугры, и осколок
бутылки, нечто двигается вокруг тела
в поисках старого языка для переноса
к другим носителям

*

словно тренос, песня поселка, и стук
стаканов над ним, проносится, возвращаясь
ночь от ночи. держится за цепь человек,
цепляется за станок, бьется в решетку. мы сидим.
мы плачем, чтобы не говорить, когда одного несут
в сторону участка с камнем

*

люблю, как эту любовь мама во мне говорит, стесняясь, как во мне
землю обнимает отец, род выпрямляется в странную связь,

NIGHT. WE LIE AT THE BORDERS

*

they do not move and do not sleep. day tears away from night, and night
pounds day into the earth. someone there
is holding a dog by the neck, flying into the night with her,
proffering disconnected speech

*

in this place where we've ended up
i pull you by the wrist into the shout of time. where objects were
once distributed

*

your skin and your stomach are the master. what lives does not breathe.
    the world has gone quiet

*

winter sea, wind that breaks your face into pieces. words i want to
send you from there cannot be distributed. the world has gone quiet

*

ahead are only lumps of ice, and a shard
from a bottle, something moves around the body
in search of an old language to transfer
to other bearers of language

*

a threnody, the song of the settlement, and the clinking
of glasses over it, carried forth, returning
night after night. a human holds onto a chain,
clings to a lathe, thrashes against a gate. we are sitting.
we cry, so as not to speak, when one is borne
toward that plot of land with the stone

*

i love how mama speaks this love inside me, shyly, how inside me
father embraces the earth, the family line straightens into a strange link,

кровь принимает кровь
несвязную

*

страшно пить из широкого стакана. странно есть этот хлеб,
как не едят другие. эти ботинки стыдно носить. тяжело лежать,
не прижимаясь к земле, не двигая ночь к ближайшему

*

вспомнить, как ты сказал, обнимая не тело, но осколок
далекого, того, что не будет миром, что молчит под существом,
кем замыслил себя, вспомнить

*

район размещен вместе с нами, и мы в нем
немного размещены. встреча с друзьями
близко. нужно сил

*

и то, что случится, конечно, и то, что за нас произнесено,
и то, что не судит, проваливаясь в страх, ближайшего не боится,
то, что по силам, и то, что никогда
организовано быть не может, что осмысляется только во сне,
когда изо рта льется нить

*

связь. мы ждали ближайших, но они не туда
попали, к едино восставшим, и пытались оттуда сказать нам,
в комнаты воображения, как быть с сообщником теперь,
как замыслить сомышление

*

и то, что мы лежим у границ, и тлеют
эти границы так давно, что к началу не возводимы,
и что носители без памяти ждут, силу неволя, и как ты волнуешься,
в другое состояние переходя, не знаешь, что там скажут

blood accepts blood
disconnected

*

it is frightening to drink from a wide glass. strange to eat this bread,
not how others eat. shameful to wear these boots. it's hard to lie there
without pressing into the earth, not moving night toward the nearest one

*

to remember what you said, embracing not my body, but a fragment
of the distant, of what will not be the world, what keeps silent under
    the being
you conceived yourself as, to remember

*

the neighborhood is distributed along with us, and we are slightly
distributed in it. a meeting with friends
is near. we need strength

*

and what happens, of course, and what speech is proffered in our place,
and what does not judge, collapsing into fear, unafraid of the nearest one,
what strength allows, and what can never
be organized, what is apprehended only in sleep,
when a thread of drool pours from your mouth

*

connection. we were waiting for the nearest ones, but they went the wrong
way, to those rising up as one, and tried to tell us from there,
into the rooms of imagination, how to conspire together now,
how to conceive co-thought

*

and the fact that we lie at the borders, and these borders
have been smoldering for so long that their origin can't be traced,
because the bearers wait without memory, imprisoning strength, and
    how you worry,
crossing over to another state, you don't know what they'll say there

*

как сомышление было замыслено за некоторое время до нас,
так и ночь требует до земли дотянуться, втянуть в себя район,
стать домом без замков, природой без страха, обнять иначе

*

just as co-thought was conceived sometime before us,
so does night demand that we reach the earth, draw the neighborhood
   into ourselves,
becoming a house without locks, nature without fear, embracing in
   another way

КОСМИЧЕСКИЙ ПРОСПЕКТ

COSMIC PROSPECT

Translated by Joan Brooks

МОЙ ОТЕЦ СПИТ НА ПОЛУ

мой отец спит на полу, и мы ждём
его зарплаты, как чуда, как мессию, как в детстве, как конец света,
когда мы все вместе обожрёмся и умрём
и увидим сияние мира без времени, — так мы ждём,
вечерами вдавливая взгляды в наше единственное окно в
    единственной комнате,
покрытое серой фольгой от летнего солнца;

мой отец спит на полу
в кухне, а мы с мамой и с моим сыном в комнате и, кажется, дышим
    синхронно
и ночью, просыпаясь, слышим друг друга;

на ТЭЦ-5 опять пробивают трубы и слышен их гул, а временами и
    рёв самой большой трубы,
рассеянный по району — так, как будто бы он выпрыгивает из неба
и несется по нашей гнилой земле, как злой дух. и август
синих быков своих гонит по тёмному небу, по нервным холмам
    мусорных свалок,
по заросшим прудам и дворцам
пригородных супермаркетов —
к нашим сложным сообществам, сбитым в один дом, один рой ума,
омывающий землю дурацкими слезами,
когда мы ждём зарплату отца и ругаемся,
потому что её всё нет, и мы не можем просто убить, попросить уйти
тех, кто виноват в этом; поэтому иногда мы просто хотим убить
    друг друга,
когда август разрывает мозги своим чёрным свечением,
когда деревья становятся живыми и обнимают пьяных людей на
    окраине,
баюкают их, как малых, опуская потом тихонько к мусорным бакам,
когда старый кот на кухне грызет сухой укроп и плачет неясно
    отчего чем-то животным;

мы хотим друг друга убить, как родные, но засыпаем снова,
и даже во сне мы с мамой ждем папиной зарплаты,
чтобы купить шампунь и гель для душа, чтобы покатать моего сына

MY FATHER SLEEPS ON THE FLOOR

my father sleeps on the floor, and we're waiting
for his paycheck, like a miracle, like the messiah, like when I was little,
    like the end of the world,
when we'll all eat ourselves sick and die
and we'll see the shining of a world without time—that's how we wait,
evenings glomming our gazes onto our one window in our one room,
covered in gray foil to keep out the summer sun;

my father sleeps on the floor
in the kitchen, and mom and me are in the room with my son, and it's
like our breathing is synchronized, and we hear each other when we
    wake in the night;

they're clearing the smokestacks at Power Station No. 5 again, and you
    can hear their hum, and now and then the roar of the biggest stack
spreads across our neighborhood—as if it's jumping out of the sky
and it races across our rotten earth, like an evil spirit. and August
drives its blue bulls across the dark sky, along the nervous hills
of landfills, overgrown ponds, and the palaces
of provincial supermarkets—
toward our strange communities, crammed into a single building, a
    single swarm of mind,
washing the earth with our dumb tears,
as we wait for my father's paycheck and bicker
because it still hasn't come, and we can't just kill the people responsible
or ask them to go away; so sometimes we want to kill each other,
when August rips your brains apart with its black glow,
when the trees come alive and embrace the drunks at the edge of town,
rocking them to sleep, like babies, then lowering them gently toward the
    dumpsters,
when the old tomcat in the kitchen nibbles dried dill and cries, who
    knows why, with an animal cry;

we want to kill each other, like loved ones, but we go back to sleep,
and even in our dreams mom and me are waiting for dad's paycheck,
so we can buy shampoo and shower gel, so we can take my son for a
    ride on the boats,

на лодках,
чтобы сесть на маршрутку и поехать в центр на выставку цветов,
а еще, чтобы, наконец, поесть то, что хочется, есть и есть,
пока не кончится время; а папа спит на кухне и кашляет,
его легкие не распускаются алым цветком, как в поэзии, а глухо
    булдыхаются внутри,
кожа мучается ночным запахом;
он спит и сам ничего не знает о своей зарплате,
он говорит во сне по-молдавски с братом.

so we can get a bus into town and see the flower show,
and so we can finally just eat what we want and eat and eat,
as long as there's time; and dad is sleeping in the kitchen and coughing,
his lungs don't open like a crimson flower, like in poems, but rumble
      and slosh inside,
and the night smells torment his skin;
he's asleep and he doesn't know anything about his paycheck,
he's talking in his sleep, saying something in Moldavian to his brother.

УВИДЕЛА СВОЕГО ПЕРВОГО ПАРНЯ

увидела своего первого парня
случайно, — пошла по району на рынок за дешевой краской и гелем
    для волос
и увидела что Толя стоит у магазина «Одежда»
в синей дутой куртке и дурацких джинсах,
огромный грузный мужчина и тревожно смотрит
в непонятном направлении;

я быстро прошла мимо, как бы его не узнав,
может быть, и он меня не узнал из-за короткой стрижки
и в целом гендерно неопределенного вида,
широкой кофты и штанов, ведь раньше я не выглядела так,
и нет никакой уверенности, что он вообще обращает внимание на
    таких людей,
на таких девушек, как я, а не смотрит сквозь них, как сквозь
    призраков,
как мужчина с района со своей тревогой желания такого тяжелого,
    как бычье тело,
как охранник в исправительной колонии, которым он работал
    после того,
как поработал в ментовке и которым, возможно, работает сейчас...

иногда я представляю, как он ходит по вечерам вдоль камер,
уверенно движется и смотрит на заключенных,
и мне становится от этого так хуево, и внутри все болит, как будто
    бы тело рвут изнутри,
и думаю, что было бы, если бы мы не расстались,
ходил бы он там между камер, играя электрошокером?

но после того, как я прошла мимо
на проезжей части возле социального рынка
у меня стало так сильно биться сердце и кружиться голова,
что я чуть не упала в обморок на этой проезжей части...
    и пошел ливень;
я вошла внутрь рынка и стала, как во сне, выбирать подешевле
    краску и гель для волос,
а потом кисть для окрашивания за 11 рублей 60 копеек и прошла

I SAW MY FIRST BOYFRIEND

I saw my first boyfriend,
by chance—walking, on my way to the market
for some cheap hair dye and gel, and I saw Tolya standing
by the "Clothes" shop in a blue puffer jacket and silly jeans,
a giant, heavy man, staring anxiously
in an unclear direction;

I walked quickly past, as if I hadn't recognized him,
maybe he didn't recognize me, either, because of my short haircut
and my gender-ambiguous appearance overall,
in a big sweater and pants, I mean, I didn't look like that before,
and there's no telling if he even notices people like that,
girls like me, rather than looking right through them, like through ghosts,
like any man from our neighborhood would with the anxiety of a
        desire so heavy, like the body of a bull,
like a guard in the penal colony, where he worked after
he worked for a while as a cop, and maybe he's still at the colony now…

sometimes I imagine him walking past the cells in the evenings,
moving steadily, watching the prisoners,
and it fucks me up so bad, everything hurts inside, like my body is
        being torn apart from inside,
and I wonder what would have happened if we hadn't broken up,
would he be walking among the cells, swinging his electric cattle prod?

but after I walked past him
right in the street next to the subsidized market
my heart started beating so fast and I became so dizzy
that I almost fainted in the street… and it began to rain
I went inside the market and, like in a dream, I started looking for
        cheap dye and hair gel,
and I found a dye brush for 11 rubles, 60 kopeks, and again I went past
the department store "Clothes" in the pouring rain, my whole body
        shaking, like during sex,
like when I got scared as a kid
in a dark room, like that night we were having sex the first time,
and my body and his body seemed so long to me and lasting,

еще раз мимо
магазина «Одежда» под сильным ливнем, все тело тряслось, как
        во время секса,
как в детстве, от страха в темной комнате; как в ту ночь, когда мы
        первый раз занимались сексом,
и мое тело и его тело казались мне такими длинными и долгими,
как вечерние тени на асфальте... и в эту же ночь в Исилькуле
        умерла его бабушка;
мы лежали после секса в маленькой комнате в общежитии завода
        «Автоматика»,
когда позвонили его родители из деревни и сказали, что умерла
        его бабушка;
мне до сих пор сложно представить, что он чувствовал в этой близости,
в этом сближении секса и смерти...

мне нравилось, что он лишился девственности со мной, а я с ним,
что он отрастил длинные волосы, когда мы начали встречаться,
но когда пацаны с общаги начали смеяться над ним,
он их подстриг, и я сказала: «тогда я тоже»; и сделала тоже,
а он заплакал, потому что ему было жалко мои волосы...

через несколько дней он меня сфотографировал на свой телефон
—с короткими волосами и в голубой толстовке,
как я сижу на ящике для картошки в коридоре общаги
под тусклым светом маленькой лампы и смотрю на него;
он отправил это фото MMS-сообщением
на мой телефон, который позже украл Вася Колтыга, чтобы купить
        себе героин,
когда я тусовалась на хате у Слизня, и все, кроме девушек, кололи
        себе по четвертинке...

и еще я вспомнила, что мы оба были счастливые и как бы бесполые,
когда занимались сексом в первый раз и потом еще,—
без всех этих мудацких стереотипов и плана, что нужно делать друг
        с другом в будущем,
без понимания, чего от нас ждет общество, чего мы ждем друг от
        друга, без насилия;
что у меня были короткие волосы и у него короткие,
у меня длинные и у него длинные,—без проблем,

like evening shadows on the asphalt... and that same night
in Isilkul his grandmother died; we were lying there after sex in his small
room in the dormitory of the Avtomatika factory,
when his parents called from the village and told him his grandmother
        had died;
it's still hard for me to imagine how he felt, in that intimacy,
that coming together of sex and death...

I liked that he lost his virginity with me, and I lost mine with him,
that he grew his hair long when we started dating,
but when the guys from the dorm started making fun of him,
he cut it; and I said, "then I'm going to cut mine, too"; and I did, too,
and he cried because he felt sorry for my hair...

after a few days he took a picture of me on his phone
—with short hair and a light blue hoodie,
sitting on a potato crate in the hallway of the dorm
under the dull light of a small lamp, looking at him;
he sent me the picture by text message
to my phone, which Vasya Kotyga later stole, so he could buy heroin,
when I was hanging out at Slimey's place and everyone but the girls
        shot up a quarter gram...

and I also remembered that we were both happy and almost genderless
when we had sex the first time and after that, too—
without all these asshole stereotypes and plans about what we should
        do with each other in the future,
with no understanding of what society expected of us, what we
        expected from one another, without violence;
I remembered that I had short hair, and he had short hair,
that I had long hair and he had long hair—no problem,
even though the guys roared with laughter, he kept it long,
he said, "I'm doing it for you," maybe he liked it himself—
to be a strange human with me, at least for a while,

would he remember how it felt, that state of being?
or remember his haircut, almost the same as I have now, and *recognize
        me?*
or does he only remember that time as a fucking disaster,

хоть пацаны над ним и ржали, он довольно долго их проносил,
он говорил «ради тебя», но возможно ему это нравилось самому, —
быть странным человеком вместе со мной, хоть какое-то время,

может ли он вспомнить это состояние?
и ту свою стрижку, почти, как сейчас, у меня и *узнать*?
или помнит только сплошной пиздец,
что лучше по любому никогда не говорить ему «привет»?

и даже не пытаться объяснить, почему мне иногда кажется, что
        мы по-прежнему вместе,
общаемся в каком-то другом пространстве, которое точно есть
        внутри меня, —
и это не комната, не тюрьма, не камера для двоих заключенных,
это сложная среда, где нас много, в ней мы одновременно сложнее
        и проще, чем сейчас, и что оно было во мне всегда:

и даже тогда, когда меня бесило его желание, и я уже не хотела
        заниматься сексом с ним,
и даже тогда, когда мне было стремно целоваться с ним,
потому что от него пахло салатиком с крабовыми палочками,
и даже тогда, когда нам уже после многих лет ежедневных встреч
        и секса было не о чем
поговорить и мы тупо ходили вдоль Космического проспекта и
        щелкали семечки,
и даже тогда, когда моя мама сказала, что убьет себя, если я буду
        встречаться с ним,
и даже сейчас, когда мы не смогли себе позволить узнать
        друг друга...

and it's better in any case to never say "hi" to him?

not even try to explain why it sometimes seems like we're still together,
that we're still talking in some other space, which still exists inside me —
and it's neither a room nor a jail, nor a cell for two prisoners,
but a complex environment where there are many of us, in it we're both
more complex and simpler than now, and this space has always
been in me:

and even when his desire pissed me off, and I didn't want to have sex
with him anymore,
and even when I felt gross kissing him
because he smelled like imitation crab sticks
and even when, after many years of daily dates and sex, we had nothing
to say and we strolled stupidly along Cosmic Prospect and cracked
sunflower seeds,
and even when my mom said she'd kill herself if I kept seeing him,
and even now, when we couldn't allow ourselves to recognize one
another...

ОРБИТА

память мечется наружу, но дыхание другим занято,
внутрь перемалывая среду, а тело—другого едва держит за кончики
    пальцев,
и запутанная тяжесть осени сводит на нет
все, что видишь и слышишь; голос из вечера—
это давно живущие женщины в предчувствии смерти гладят
    обвисшие плечи
и сердито обсуждают урожай, примостившись на кривых досках
за автобусной остановкой; и ступени социальной парикмахерской,
усеянные саранчой, трещат, как в старом доме.

на улице романенко 10 открыли новый магазин—«сластена»,
его дурацкая вывеска в виде розовой капли
всех приглашает, но никто не может взобраться наверх по крыльцу—
слишком высокие ступени сделал «хозяин»...

исчезающий солнечный свет
бросает свой красный остаток на спину районной больницы, откуда
вышел красивый хромой армянин в расшитой рубахе
и направился к пыльной тачке с родственниками, мы с сыном
как раз проходили мимо—в сторону магазина «Орбита»,
в советское время это был книжный, а теперь супермаркет
    «Пятерочка»,
но вывеска сохранилась и как бы парит над крышей,
а внутри запах гниющего мяса и овощей
и лужица жидкости из-под человека, который зашел сюда пьяным,
и не может выйти обратно...

и вдруг я думаю, может быть, мы давно уже на орбите
какой-то другой планеты живем, и весь Октябрьский район
    переместился туда
вместе с грудами мусора и пыльным золотом степного ветра,
вместе с Космическим проспектом и людьми в спецодежде,
которых поэтому особо и не видно, что они
в капсулах маленьких комнат, в общагах своих сидят,
как в каютах, и новое пространство, исследуя, шьют,
поэтому здесь больше нет никаких земных гаджетов и книг,

ORBIT

memory struggles to get out, but the breath does something else,
grinding the environs as it takes them in, and the body can barely hold
        another by the fingertips,
and the confused weight of autumn wears everything you see and hear
to nothing; a voice from the evening—
it's the long-lived women anticipating death who caress sunken
        shoulders
and angrily discuss the harvest, perched on crooked planks
behind the bus stop; and the steps of the subsidized barbershop,
littered with locusts, creak, like in an old house.

a new shop just opened at 10 Romanenko Street—Sweet Tooth—
its idiotic sign in the shape of a pink drop
welcomes us all, but no one can get up the steps—
the boss built them too high...

the disappearing sunlight
casts its red remnant on the back of the local hospital, from which
emerges a beautiful, lame Armenian in an embroidered shirt
and makes his way to a dusty car full of relatives, my son and I
walk by just then, heading toward the Orbit department store—
it was a bookshop in Soviet times, now it's a Fiver supermarket,
but the old sign is still there, sailing over the roof,
inside—the stench of rotting meat and vegetables,
and liquid pools beneath a man who came in here drunk
and can't get back out...

and suddenly I think that maybe we've long been living in orbit
around some other planet for a long time,
and the entire October neighborhood was moved there
along with the trash heaps and the dusty gold of winds off the steppe,
along with Cosmic Prospect and the people in work clothes
which make it hard to see that they're
in the capsules of little rooms, sitting in their dorms
like in cabins, and studying a new space, sewing it,
because there are no longer any earthly gadgets or books here,

а есть только немного уцелевшей еды, выпивки и временных
    странных денег,
и «хозяев» нет, наверное, они остались в том районе, что на земле—
отдыхают там, делают что хотят,
читают или смотрят—«Чевенгур» или «Твин Пикс»…

only a little food that made it, some booze, and strange temporary
  money,
and there are no bosses, probably they stayed in that neighborhood
  that's still on earth—
they're resting there, doing whatever they want,
reading or watching—*Chevengur* or *Twin Peaks*…

В МОЕМ ЯИЧНИКЕ ЖИВЕТ ЧУДОВИЩЕ

в моем яичнике живет чудовище; сложное, но из родных тканей
зародышевых. оно дает о себе знать по ночам,
и я просыпаюсь, и хочу что-нибудь сделать с собой.

если бы была уверенность, что можно бороться мертвой,
мой маленький близнец, вросший в маленький орган,
     стал бы свободен —
в земле или в органике пепла…

думаю, мы можем ласкать камни и задерживать взгляд на деревьях,
только когда нас нет.

время молчит, отвернутое в себя.
и Космический проспект за окном шумит,
выплевывая пьяных на грязевые тропки. мне снится,
что моя грудь гниет, и что я стала женщиной наконец-то…

и что все животные мира дают мне себя погладить.

перед сном сын светил мне на живот фонариком от мобильного
     телефона.
он считает, что мы сможем построить ракету и улететь в космос,
а я не могу объяснить ему, что космос существует для избранных,
даже не сейчас, — в перспективе.

что космические дома, которые уже строят здесь, на земле,
и выставки роботов, которые он так любит,
и сложные гаджеты для производства машинной поэзии у новых
     поэтов
делаются для избранных, во имя избранных,
которые уже не люди, не материя, а мутный рой систем,
растущих, как опухоли, в наших средах.

что есть люди, которые не могут получить паспорт,
что есть люди, которые не могут никуда уехать,
они лежат, как больные чудовища, в плотных ямах из работы
     и голода

THERE IS A MONSTER LIVING IN MY OVARY

there is a monster living in my ovary; complex, but made of familiar
    textiles
of embryos. it makes itself known in the night,
and I wake up with the desire to do harm to myself.

if only I was certain that one could still fight when dead,
my little twin, taking root in that little organ, would be free—
in the earth or the in the organicity of ash...

I think we can caress the stones and fix our gaze on the trees,
only when we are gone.

time is silent, folded in on itself.
and Cosmic Prospect rumbles outside the window,
spitting drunks out onto dirt paths. I dream
that my breasts are rotting, and I've finally become a woman...

and all the animals of the world let me pet them.

before going to bed my son shined the phone's flashlight on my stomach.
he thinks we can build a rocket and fly off into space,
and I can't explain to him that space only exists for the select few,
and not even now—but only potentially.

that the cosmic buildings people are already building here, on earth,
and the robot exhibits he loves so much,
and complex gadgets the new poets have for the production of machine
    poetry
are only made for the few, in the name of the few,
who have already stopped being people, not matter, but the cloudy
    swarm of systems,
growing like tumors in our midst.

that there are people who can't get a passport,
that there are people who can't leave and go somewhere else,
they lie like sick monsters, in packed pits of work and hunger

и скудно говорят.

что груды правительств, — как груды мусора на нашей Земле,
что есть что-то еще, кроме времени, вжатого в комнаты,
что в телах есть что-то еще, кроме слов и мыслей...

and their speech is spare.

that heaps of governments, like the heaps of trash on our Earth,
that there is something else besides time, crammed into rooms,
that there is something else in bodies, besides words and thoughts...

ЧЕЛОВЕК ИЗ НЕФТЕЮГАНСКА

человек из Нефтеюганска, которого ты должна встретить
на вокзале в Омске, кто он, о чем он думает, зачем
он решил выехать из Нефтеюганска? почему он связан с тобой?
дикие растения окружают наш город,
люди из конопли, чиновники в жидких костюмах
молча сидят на дорогах рядом с раскрытыми тачками и ждут
        своих жен
в красном и черном, чтобы отправиться
на фуршет в администрацию города…

что будет делать здесь человек из Нефтеюганска,
черпать сырую нефть из заброшенных баков
стареньким ковшиком своей матери или просто бухать с друзьями
густое пиво? зачем мы по-прежнему здесь
читаем и слушаем музыку,
едва различая друг друга среди неплотных стен вечернего смога?
что они думают там себе, «хозяева», в ебанутой столице,
думают, что это будет долго тянуться и будут вечно
их мутные особняки стоять?

спортивные штаны на шнурках, должно быть,
у человека из Нефтеюганска и подруга, которую он оставил,
медленно мертвую рыбу фасует в печальном цеху;

что происходит? почему по-прежнему глухо движутся поезда РЖД,
перевозя тяжелых людей и гробы с двух войн
и живых людей с двух войн? грузные мужчины снимают носки
и лежат в темноте вагона и лапшу едят, насыщаясь, и тревожатся,
        проверяя,
зашитые в подкладку куртки мятые деньги, вырученные на вахте
        или за войну,
но не те, что выручат, которые сидят повыше и ездят иначе.

человек из Нефтеюганска, должно быть, твой друг
детства, у него «золотые» коронки на передних зубах
и смех уставшего человека, не верящего ни в правительства,
ни в борьбу, ни в силу профсоюзов, ни в освобождение искусством,

THE MAN FROM NEFTEYUGANSK

the man from Nefteyugansk, whom you're supposed to meet
at the station in Omsk, who is he, what is he thinking about, why
did he decide to leave Nefteyugansk? why is he connected to you?
wild plants surround our city,
people made of hemp, bureaucrats in threadbare suits
sit silently on the roads next to open cars and wait for their wives
in red and black, to go off
to a banquet at city hall...

what will the man from Nefteiugansk do here,
quaff crude oil from abandoned barrels
with his mother's old water scoop or just drink thick beer
with his friends? why are we still here
reading and listening to music,
barely making each other out among the thin walls of evening smog?
what are they thinking to themselves, the bosses, in their fuckwit capital,
do they think this is going to last a while, that their murky
mansions will stand for all eternity?

the man from Nefteiugansk is surely wearing
track pants with a drawstring, and his girlfriend, left behind,
is slowly packing fish on a melancholy shopfloor;

what's going on? why are the Russian Rail trains still moving mutely,
carrying heavy people and coffins from two wars
and living people from two wars? burly men take off their socks
and lie in the dark of the train car eating noodles, gorging themselves,
and they get nervous, checking the crumpled money sewn into the
    lining of their coats,
which they saved up on the night shift or for their service in the war,
but not the fixers, who sit higher up and travel by quite different means.

the man from Nefteiugansk must be your friend
from childhood, he has "gold" crowns on his front teeth
and the laugh of a tired man, who has no faith in governments,
nor in struggle, nor in the strength of unions, nor in the emancipatory
    power of art,

его цель—Москва, а Омск—место, чтобы перекантоваться по дороге, его цель—довезти до Москвы в своей клетчатой сумке лучший мир…

his goal is Moscow. Omsk is just a place to crash on the way,
his ultimate goal: to deliver safely to Moscow, in his checkered bag,
a better world...

СЫНУ

дешёвая и странная жизнь...

мы смотрим друг на друга и ждём
лучшего продолжения.

покурю в окно и жду,
а створки скрипят от ветра.

внизу охранник стоит на ступенях «Бирхауса»
и тоже курит, а дорога рядом сияет серым.

твоя рука такая маленькая,
когда держу её, а на моей
вены вздулись от времени
без конца, времени, которое мы купили,
как ту странную игрушку в пластиковом автомате
в «Магните» на Романенко —
за десятку — маленький сиреневый тигр, который растет в воде.

он будет расти, пока мы спим, сегодня ночью,
и Космический проспект ровно шумит, он никуда не ведёт, —
это последняя улица в нашем районе,
а наш дом — предпоследний, 105,
дальше уже погреба; и деревья, покрытые промышленной пылью,
стоят во дворе, изменяясь маленькими движениями,
люди из заводских автобусов поздно выходят здесь.

ты говоришь: он вырастет, станет огромным, крутой сиреневый тигр;
и мы будем расти во сне, превращаясь, а ночью
я снова проснусь от того, что ты сложил на меня
свои горячие руки и ноги, слегка похрапываешь и смеёшься,
а фигуры света быстро движутся по стене...

на полу, на кухне сушится мелкий лук — красный и белый,
и отец задевает его головой в поверхностном сне...

TO MY SON

this strange and shabby life...

we look at each other and wait
for something better to come.

I'll smoke out the window and I'm still waiting,
and the shutters are creaking in the wind.

down below a security guard is standing on the steps of The Beerhaus
and he's smoking, too, and the road beside him shines gray.

your hand is so small,
when I hold it, and on mine
the veins are swollen from time
without end, time we bought,
like that strange toy in the plastic machine
in the "Magnet" supermarket on Romanenko—
for a tenner—a little lilac tiger that grows in water.

he'll grow while we're sleeping, tonight,
and the noise from Cosmic Prospect is steady, leading nowhere—
it's the last street in our neighborhood
and our building is the next to last, number 105,
then it's just root cellars; and the trees, covered in industrial dust,
stand in the yard, changing in small movements,
here it's late when the people step off the factory buses.

you say: he'll grow, he'll get huge, this cool lilac tiger;
and we'll grow in our sleep, transforming, while at night
I'll wake again because you put your hot hands and legs
on me, snoring a bit and laughing,
and figures of light move quickly along the wall...

on the floor in the kitchen small onions are drying—red and white,
and my father bumps his head on them in his shallow sleep...

и ещё я слышу внизу
резкий стук столкнувшихся тачек
и крик сцепившихся пьяных парней, которые устали работать
на неясный мир, устали носить в себе жизнь,
но я её чувствую, а ты, как во сне, сложно видишь…

and down below, again I hear
the sharp knock of cars crashing into each other
and the shouts of drunk boys fighting, tired of working
for an unclear world, tired of carrying this life inside,
but I can feel it, and you, as in a dream, see the intricacy of things...

НА ТЕРРИТОРИИ ТЭЦ-5 МЫ РАЗВЕЛИ КОСТЕР ЗАПРЕЩЕННОГО МАСШТАБА

на территории ТЭЦ-5 мы развели костер запрещенного масштаба;
нам это удалось, потому что тогда, в конце 90-х
туда свободно можно было проникнуть,
ранней осенью 99-го мы ходили там с папой среди ям с отходами,
маленьких промышленных свалок, кривых деревьев и искали медь;

папа всегда говорил: «лучше находить медь, чем находить «алюм»,
«алюм» можно сдавать, когда совсем уже фигово»;
и он ласково называл ее «мёд», когда находил.

у нас были черные пакеты, куда мы складывали старые кабели—
папа большие, а я поменьше,
в тот раз нам повезло и мы много набрали,
попались толстые кабели, внутри которых было много меди,
папа сказал: «мы замучаемся их ножами чистить, давай подожжем»;

мы набрали веток и еще какого-то горючего мусора
папа стал разводить костер и кидать туда кабели,
красиво на них обгорала резина, и оставалась медь, которую
мы палочками вытаскивали из костра; я нашла рядом
старую рабочую каску и играла ей, складывала туда,
а костер разгорался все больше, папа кидал и кидал туда
кабели, с которыми нам повезло в этот день; мы болтали и жгли
    медь
и уже представляли, как папа купит себе немного выпить,
а я куплю себе мармелад, остальное—отдадим маме на продукты,
но тут мы увидели, что к нам подъезжает пожарная машина
с включенной сиреной, из машины вышли пожарники и начали
    орать:
«вы что, охуели? это территория ТЭЦ-5
и вы здесь развели костер запрещенного масштаба,
щас вызовем ментов и поедете в участок,
будете платить штраф»
а папа спокойно сказал: «не надо, со мной ребенок.
мы все потушим и уйдем домой. не надо нам штраф.»

WE MADE A FIRE OF ILLEGAL SIZE ON
THE TERRITORY OF POWER PLANT NO. 5

we made a fire of illegal size on the territory of Power Plant No. 5;
we managed to do it because at the end of the 90s
you could get in with no problem,
in the early autumn of '99, dad and me were walking there among the
      ditches filled with industrial waste,
small heaps of junk, warped trees, looking for copper;

dad always said: "it's better to find copper than 'alum,' you can sell
      'alum' when things are totally fucked,"
and when he found some he tenderly called it "honey"—pronouncing
      med' as *myod*.

we had black trash bags that we stuffed old cables into—
dad's were big, mine were smaller,
we were lucky that time, and we collected a lot,
we found some thick cables with a lot of copper inside,
dad said: "it'll be hell stripping the rubber off, let's just burn them"

we gathered some twigs and flammable trash
dad started to light the fire and throw the cables in,
it was pretty how the rubber burned off, leaving the copper, which
we pulled out of the fire with sticks; I found
an old hard hat nearby and played with it, put the copper in it,
and the fire was getting bigger and bigger, dad kept throwing in
the cables that we'd been lucky to find that day; we chatted and burned
      the copper
and we could already imagine dad buying himself a little something
      to drink,
and I'd get myself some fruit jellies, the rest we'd give to mom
      for groceries,
but just then we saw a fire truck driving toward us
with its sirens on, and the firemen got out and started shouting:
"have you lost your fucking minds? this's the territory of Power Plant No. 5
and you've made a fire of illegal size,
now we're gonna call the cops, and they'll take you to the station,
and you're gonna pay a fine."

и тогда я поняла, что сейчас нужно быть по максимуму ребенком,
сказать так, чтобы они отстали, и сказала: «не надо,
мы честно все потушим, а деньги за медь отдадим маме»,
они смотрели и сказали: «ладно, хуй с вами» и уехали.

а мы потом пошли в только что открывшийся неподалеку пункт
    приема металлолома
и выручили там неплохо, папа выпил немного по дороге к дому,
я несла коробку с мармеладом и тоже ела на ходу
черным ртом и черными руками, и когда
мы пришли домой и дали маме деньги,
она была очень рада и спросила:
«почему от вас так пахнет огнем?»

and dad said calmly: "don't do that. my kid's with me. we'll put it out
      and go home. we don't need a fine."
and then I understood that now I needed to be as much a child as
      possible,
and say something to make them leave us alone, and I said: "don't do it,
we swear, really, we'll put it out, and we'll give all the copper money to
      mom,"
they looked at me and said: "fine. we don't give a fuck," and they left.

so then we went to the scrap metal deposit which had just opened
and they did right by us, dad had a little drink on the way home,
I carried a box of jellies and also ate some on the way
with my black mouth and black hands, and when
we got home and gave mom the money,
she was so happy and she asked:
"why do you reek of fire?"

ФРАГМЕНТЫ ИЗ ЦИКЛА
«ЛИШЕННЫЕ ПРИЗНАКОВ»

FRAGMENTS FROM "STRIPPED OF SIGNS"

Translated by Helena Kernan

лишенные признаков не мужчины и не женщины
вне классов и этносов

опустошенные ландшафты

лишенные способности узнавания
обладающие кратковременной памятью

и помнящая материя пропитывающая пространства
отъединенная от тел населяющих местности поражения

(...)

это книга упадка, загруженная в пределы памяти,
и плоскость, на которой лежат лишенные признаков осколки
    создания,
обдуваемые ветром преображения.

в сторону от признаков—мать, и вена пульсирующая на ее шее.

медленный бар. его стены окрашены в черное.

сонное состояние, пока он снимает лицо, прерванное в стене; я
люблю тебя люблю то что ты делаешь отбрасывая тело к стене и
поднимая второе небо песка над пустыней желания лишенным
признаков взглядом и днем позже когда омываешь овощи под
красной струей воды и ночью когда печаль движения вымывает
жизнь из нашего общего тела в сторону зла восприятия

(...)

футбольное поле, преображенное взрывом;

собрание женщин на его границах вокруг разрывающих землю
    звучащих конусов,

несколько снимков с собрания,
показанных после в главном здании под грохот медицинского
    вертолета;

stripped of signs, not men not women
beyond categories and tribes

desolate landscapes

stripped of the power of recognition
their memories are short

and matter that remembers soaking into spaces
disconnected from the bodies that inhabit the disaster zone

(...)

this is the book of decay, it loads the limits of memory,
a surface bearing the shards of creation, stripped of signs,
that are swept by the winds of transfiguration.

away from all signs—a mother and the vein that pulses in her neck.

a small, cramped bar. its walls are painted black.

drowsing while he takes his broken face from the wall; I love you love
what you do hurling your body at the wall and raising a second sky of
sand above a wasteland of desire with a glance stripped of signs and
the next day when you wash vegetables in a red stream of water and at
night when the sorrow of movement flushes the life from our shared
body towards the evil of perception

(...)

a football pitch transfigured by a blast;

women gather at the edges around resonant cones ripping through the
earth,

some photos from the gathering,
shown afterwards in the main building beneath the roar of an air
    ambulance;

слизистый крохотный свиток, и то, как он из меня выпал вместе
с остатками пуповины. это не свиток это не женщина и это не тело,
а то, что смотрит на остаток в воде вперемешку с кровью, ожидая
    звонок из центра,

в районе схватки

    (...)

колодец встречи. нефть, определяющая форму письма,
двигающая органику голоса из города в город,
сон на промышленном полотне, левитация любви внутри пустого
    билборда;
двоицы, прибитые к стойке у киоска, шепчут, пригибаясь к земле;
она фланирует, выдыхая землю, ее внутреннюю деревню лишенных
    рассудка,
где птицы поднимают забор над рекой, змеи вспенивают болото,
где грибница о мраке наших форм поет, скрипит
тысячелетний компьютер леса;
исполины канабиса на футболке приглушенного тела;
охотник с линзой, утомленный питанием из трубы, движется в
сторону дикого угля, звучащего конуса пустого карьера с тенями
рабочих, идущих в сторону молочного пункта; новая энергия,
новый парламент, экологичный фашист с электронной трубкой,
грузно спешащий на двойное свидание в уличное кафе, измененное
взрывом,
печальный насильник — поэт с розовой книгой, в штанах из нефти,
в тени иссякающего сообщения; скелет птицы на ступенях
    экспресс-магазина
в районе помощи, после района схватки;
железное белье женщин, скучающих на окраинах,
святые с пивом, играющие шарами помнящей материи
на золотом экране, лишенные признаков

    (...)

что ты делаешь с книгой? ем, как тебя. делаю из нее промежуток,
— как нечто с обрубленной ладонью на стене пещеры вступает в диалог,
озаряемое грубым светом заката через широкую щель, откидывая

a microscopic, slimy scroll and how it fell out of me together
with the remnants of the umbilical cord. it's not a scroll not a woman
    not a body,
but something that looks at the remnants in the water all mixed up
    with blood, waiting for a call from the center,

where clashes erupt

(...)

a deep well of encounters. crude oil shaping forms of writing,
driving vocal matter from village to village,
a dream between industrial sheets, a levitation of love inside an empty
    billboard;
two of a kind, nailed to a stand by a kiosk, whisper, cowering near the
    earth;
flâneuse, she exhales earth and her inner village, both stripped of reason,
where birds raise a wall over the river and serpents conjure foam from
    the mire,
where fungus roots sing of the gloom of our forms, and
the ancient algorithm of the forest creaks;
giant marijuana leaves on the shirt of a deadened body;
a pyromaniac hunter with a lens, weary of his feeding tube, moves
towards wild coal, the ringing crater of an empty mine where shadows
of miners swig milk from the dispenser; new energy, new parliament,
an eco-fascist with an e-cig lumbers hastily to a double date at a street
cafe altered by a blast,
a sorrowful rapist—a poet with a pink book in crude oil trousers,
in the shadow of dwindling communication; the skeleton of a bird on
    the steps of a convenience store
in the quarter of succor, near where clashes erupt;
the iron lingerie of women who pine in the suburbs,
saints with beer, playing with balls made of memory matter
against a golden TV screen, stripped of signs

(...)

what are you doing with that book? eating it like I eat you. making it
empty space—*like something with a severed palm on a cave wall that strikes*

прядь трубчатых волос с бугристого лба; *«это органика зла»,—* сказало оно, прижимаясь к стене продающего здания, расстегивая кожаный плащ,—«глотнуть воздуха из книги надо»;   вправляя в его красное тело звучащую щель, она смеялась, откидывая старые повязки с лобка, и светилась нежными сообщениями; они мыли еду на закате солнца, а мертвых оттаскивали к их деревьям; мы спали, покрываясь колониями грибов и новых существ, как тысячелетний компьютер, не знающий страха двоичного кода, его войны… и рукокрылые святые кричали над нами, извергался ум, как вулкан

(...)

что-то изменилось в книге упадка, пока мы смотрели фильм в квартире матери
и потоки грязи стекали с неба на закрытое здание напротив.

крик под покрытием вертолетной площадки, внизу,
и сын   ложкой стучит по стеклу, произнося слова без признаков

(...)

поля из плаценты. мелкие демоны дронов, висящие над затхлой водой. серые камеры комнат.

неопределенный шум в рядах гражданских;
комбатант, захвативший старую баржу, и спирт
в горле, и Харьков—пункт сбора помощи.

женский сквот в оставленном городе, рот, зачерпывающий песок
    вместо воды;
рой органики, разъедающей знак; ум ледника, выпевающий землю;
Алжир—над землей, и колонии сдвигаются:

вращение Сирии началось

up a dialog, illumined through a gaping crack by the vulgar light of
sunset, brushing a curled lock of hair from a bumpy forehead; *"this is
the stuff of evil,"* it said, nestling against the wall of the building, peeling
off a leather coat, "we must sip air from the book";   laughing, she
inserted a resonant gap into his red body, casting old bandages from
her pubis, and she was radiant with tender words; they washed food in
the setting sun and dragged the dead to their trees; we slept, covered
in camps of mushrooms and living creatures, like the ancient algorithm,
oblivious to the dreaded binary code and its wars... and sacred chirop-
tera cried above us, and like a volcano a mind erupted

(...)

something changed in the book of decay as we watched a film at my
mother's flat opposite, streams of filth flowed from the sky into a locked
building.

a cry, under the helipad, below,
and my son   hammers the glass with a spoon, uttering words
stripped of signs

(...)

fields from the placenta. tiny demon-drones suspended over stagnant
water. gray cell-rooms.

a faint noise in civilian ranks;
a soldier who seized a tow boat, pure alcohol
in his throat, and Kharkiv—the humaitarian aid collection center.

a women's squat in a godforsaken town, a mouth scooping up sand
        instead of water;
a swarm of matter, gnawing at a symbol; a glacier's mind freely singing
        the earth;
Algeria's above the earth and the labor camps shift:

Syria's begun revolving

(...)

айны, укутанные в снежные рвы, тянут к себе осколки оружия
словами мертвого языка.
и мое тело, к снегоходу привязанное, тоже тянется к ним.

олени, покрытые нефтью, на потоки воды смотрят, пережевывая
гнилую траву, когда лишенный признаков один заменяет многих,
когда вспышки народов свистят над водой, исчезая в сложной
среде, а тела после этого падают, коченея.

«без народов будем дальше двигаться» — красная библиотека в
скрытой деревне горит, выталкивая из себя эти слова в книгу
упадка

(...)

что делает ночь зрелой? зло, которое лишает возраста.
шумовые организмы, висящие над разрушением, признаков
лишены и значением скрыты: *все просматривается и все
просмотрено*: пресыщенные сообщением из книги упадка, спим.

сын соединен со мной черным жгутом мышления.

звезды шипят над районом, выпуская из себя ядовитый дым,
выпуская дух мертвых, их спёкшуюся спецодежду,
скелеты машин и старых станков, свистящие ночных в облаках.
пустая информация колонизировала мышление. что происходит
между родными? нет родства. есть смешанные символы, их
экономика, ужас прикосновения, мелкие рывки места.

что делает сына далеким и заставляет мою мать странно корчиться
у стены,
когда в капсуле комнаты отсутствует свет за неуплату?

бесприютным мир стал. лишенные возможности перемещений,
зачем просыпаемся, зачем молчим, слезами заливая мятые деньги.

(...)

the Ainu, muffled up in snowy ditches, draw the shards of weapons to
themselves with words of a dead tongue.
my body too, tethered to a snow plough, draws itself to them.

reindeer covered in crude oil watch streams of water, masticating rotten
grass, when one—stripped of signs—replaces many, when shimmering
flares of nations whistle above the water, vanishing in the hostile envi-
ronment, then bodies are falling, growing stiff and numb.

"we'll go further without nations"—a red library is burning in a hidden
village. it draws these words from within and thrusts them into the book
of decay

(...)

what ripens the night? evil that strips away age.
noise organisms hanging over destruction, stripped of signs and hidden
by meaning: *everything is visible. everything is watched:* sated and weary
from the message of the book of decay, we sleep.

my son is bound to me by the black cord of the psyche.

stars effervesce over this quarter, emitting noxious fumes,
emitting the spirits of the dead and their singed uniforms,
the skeletons of cars and old machinery hiss in the night clouds.
empty information has colonized our minds. what's happening between
flesh and blood? there is no flesh and blood. only mixed symbols, their
economy, the horror of human contact, the faint jerking of places.

what makes my son so remote and forces my mother to writhe so
strangely, painfully by the wall,
when the cell of a room is unlit since the bill went unpaid?

the world is shelterless now. unable to migrate, why do we wake up, why
are we silent, bathing crumpled banknotes with our tears.

ВРЕМЯ МИРА

TIMEWORLD

Translated by Charles Bernstein and Kevin M. F. Platt

материя вошла во время
оттуда возникло всё

взрыв кожи
устройство гортани

состояния земли

*

затем всё различилось
и стало прежним

но стало расколото
на запад и восток

и так появился *связанный мир*
и дрожал станок языка
когда к нему вышли оттуда
ангелы кожи

*

они видели как
время мира дочерпывает
из расщелины кипяток
для выживших

*

темное масло мертвых
стон трубопровода
в недрах и гул
военных созданий

matter becoming time
that's all

exploding skins
throat as device

ground conditions

*

then all's particular
and so now time

but split
west and east

till webbed world comes
and tongue's tool shakes
where emerge
angelic skins

*

they beholding
time scooping water
from bubbling chasms
for survivors

*

black oil of the dead
in pipelines wail
and rumbling bowels
of war machine

одни едят
хорошо

а другие
смотрят
как

на границах другого ума
восстание
вырождается

*

ослепли животные что лежали
на красной книге субботы

воздух вздулся
над заливом — мелкая черная пыль
ума
взорванный монастырь

*

до монастыря было время
и не было добра и зла
мы были в рейсовом автобусе

она смотрела как
то вырождается
и хотела убить себя
в рейсовом автобусе

*

там где нет добра и зла
и нет ничего что можно сделать

some eat
OK

some
note
how

at edges of other minds
insurrection
dies

*

animals blinded
on Saturday's red book

air thick
over bay, mind's
fine black silt
a bombed sanctuary

*

before sanctuary — time
not bad, not good —
on the next bus

she watched everything
wind down
wanting to kill herself
on the next bus

*

there where good and evil's not
and nothing's to be done

не прикасайся
будь далеко
будь дальше
безопасного прикосновения

без прикосновений
будь далеко

от мира

*

вдалеке от мира
как звери держим свои глаза свои взгляды
далеко от тела
в безопасности

с шести сторон от границ
говорим о границах
разделяем еду
на мертвую и живую
полученную простым путем
от тех что смотрят как мы
низко едим толкаясь
как обнимаемся ночью
в скрытом шатре

*

нас любовь отделила от мира
она же
дала еду и богатство
всем бедным вжатым в мир
вжатым друг в друга
в метро
в постели
в гробах (что вжаты друг в друга

don't touch
be gone
beyond
safe touches

without touching
be gone

from world

*

gone from world
like beasts shielding eyes from vision
gone from body
to safety

from six sides of a border
talking about borders
divvying up food
for those dead and alive
got in simple ways
from those that watch
we eat on the down low
holding tight at night
in hidden tent

*

love tore us from world
but still
gave food and fortune
jammed us world poor
comrade to comrade jammed us
on subways
in bed
in coffins (jammed together

по бедности захоронения)
чем беден наш ум
что мы бьемся о стены
не умея понять
как прекратить это
разделение

сейчас

ночь
гимн камер

ум приходит в движение

под тяжестью тела

рассудок

ребенок

in pauper's graves)
how poor our mind
banging 'gainst walls
never figuring
stopping
schisms

now

night
chamber anthem

mind comes in as motion

under body weight

reason

babe

ФРАГМЕНТЫ ИЗ КНИГИ УПАДКА

FRAGMENTS FROM THE BOOK OF DECLINE

Translated by Anastasiya Osipova with
Marijeta Bozovic, Catherine Ciepiela,
Julia Kolchinsky Dasbach, Pavel Khazanov,
Mila Nazyrova, Eugene Ostashevsky,
Emily Van Buskirk, Val Vinokur,
and Michael Wachtel

I

если книга упадка снова открылась, то каким
будет касание?

тяжелая вода. и тяжелый свет.
тяжелая кожа.
по влажной дороге мы катимся
на чёрном материке
её тела.

земля. её тело лепили двое
корявыми руками,
изымали препарат из специального бокса
внутри живота. ночь держалась.

мы были немыслящими, неговорящими,
когда открылось.

в комнатах воображения
лежали, вскрикивая. ночь держалась.

лепили её двое
с дикими дырками зрачков, с дырами в черепах,
уводя состояний табор к беззначным полям.

гробы на отравленной воде. стук станков языка. держится ночь. мы
    держим
нечто
между телами.
земля.
она лжет.

всё прилегает друг к другу,
используя книгу упадка. открылась. и бьют
страницы, касаясь. мы пьем слепо
тяжелый напиток, глухой препарат,
чтобы не чувствовать, каким образом
думает ночь, эти двое, без знака

I

the book of decline has opened again, so
what would its touch be like?

heavy water. and heavy light.
heavy skin.
down the moist road we roll
across the dark continent
of her body.

earth. her body was molded by two
with clumsy hands,
extracting substance from the special box
implanted in her stomach. the night held on.

we were unthinking and unspeaking,
when it was revealed.

in rooms of imagination,
we lay, crying out. the night held on.

she was molded by two
with wild holes for pupils, with holes in their skulls,
guiding nomadic states to unmarked fields.

coffins on poisoned water. the rattling looms of language. the night
      holds on. we are holding
something
between bodies.
earth.
she lies.

everything leans on everything else,
and uses the book of decline. it has opened. and
the pages bruise with their touch. we blindly swallow
heavy water, this mute substance,
so as not to perceive the way
night thinks, and these two as well, with no sign

*

поля страданий размеченные едва
теми, кто ждёт

толпа возникает внезапно, как голос
того, кто смотрит на нас,
как узел ближайшего

узлы полные крови миру несём с собой

твое тело снаружи, вжимается,
с теми, кто вышел, не обгорев,
за пределы поля

начинается

начнётся вот-вот

связь
как ты её держишь,
протягиваясь всюду,
время,
туда,
последнее,
где
взрывается различённо
ум, как вулкан

*

здесь разбухают ткани, рассыхаются двери. фрагменты прибывших.
    книга упадка зарыта
в них. потому мы так коротко длимся? любая
связь неясна. тянут в укрытие
караваны серых жуков прямые тела из траншей. второе прибытие
лишённых фрагментов. накануне
сон во сне принес тёплый лозунг. значения
не вспомнить. оно было? потом.

*

the fields of suffering just barely lined and mapped
by those who wait

a crowd emerges instantly, like the voice
of someone looking at us,
like the bond with what's nearest

bundles of blood we carry into the world

your body is outside, huddles close
with those who, unscorched,
stepped beyond the field

it's starting

it's just about to start

contact
how you maintain it
extending yourself in all directions
time,
over there,
the end,
where
the mind erupts differences,
a volcano

*

here curtains billow, the doors dry and warp. pieces of those just
        arrived. the book of decline interred
within them. is that why we don't last that long? all
connection unclear. convoys of grey beetles drag horizontal bodies from
        the trenches to cover. a second arrival
of depleted pieces. last night
a dream within a dream brought me a warm slogan. can't recall
the meaning. was there one? and then.

колонны медведок в горячей земле. другие тела
стали горячими от бездействия. в другой стороне. в прозрачном боксе
несу на приём свой сон. пусть. пусть посмотрят, что не так,
что стало, эти,
животные с красными глазами, преображенные лекарственным
        ветром,
сопротивлением, именно эти, которые одним мутным взглядом
поднимают танкеры над водой, а ту чёрную жидкость
заставляют обратно втекать, внутрь земли. они лечат? знают
Гею так, как ты? как в том сне, где хотим, когда она коротким дном-
        лезвием
провела по твоей голове, и всё свернулось в отснятое. мы держим,
лежим, изменяясь, ночь, обнимая книгу упадка. только мы. и позже,
пробираясь сквозь заросли техники старого образца, ты держишь.
        но как?
до этих пор.

                *

красное окно.
красная птица мечется по двору.
красные слёзы от твоего присутствия.

огонь в огне. что с ним стало?
сомышление—это удар.

«я включил фильм», «я ем этот хлеб»,—
говорит ребёнок. но твоё имя—
что с ним стало? следы от огня.
кожа горит. не мыслит.

красный стол для события.
прикосновения стали красными,
как следы от ударов. сомышленник
свёрнуто ждёт. огонь от огня
отделён. как?
красный купол над незащищённым. утро без
сомышленника. которым
сообщением видишь встречу, а тело

columns of mole crickets in the hot earth. elsewhere. other bodies
grew hot from doing nothing. in a transparent box
I take my dream in for examination. let them see. let them check what's
　　　wrong,
what came of it, these
animals with red eyes, transformed by medicinal winds,
by resistance, namely these ones, who with a single blurred gaze
lift tankers above the water and force that black liquid to flow
backwards, into the earth. are they healers? do they know
Gaia like you do? like in that dream of desire, when she drew a hull,
　　　short, razor-sharp,
across your head, and everything wound back into the reel. we hold on,
lying there, transforming, the night, clutching the book of decline. just
　　　us. and later,
clawing through thickets of obsolete technology, you hold on. but how?
til now.

　　　*

a red window.
a red bird thrashes in the yard.
red tears from your presence.

a fire on fire. what became of it?
the jolt of thinking in two.

"I watch a film," "I eat this bread,"
a child says. but your name—
what became of it? traces of fire.
the skin burns. doesn't think.

a red table for the event.
all touch turns red,
as marks from blows. the other thinker
waits coiled. fire severed
from fire. how?
a red dome over the defenseless. morning
without the other thinker. by what
communicative means do you see us meet,

держится? книга упадка в огне
до красной субботы, мимо
общего мира.

and the body endure? the book of decline burns
until the red sabbath, past
the common world.

II

и они развернули костёр и стали петь о широком времени,
сообщаясь со всем, что вокруг,
собирая слёзы в специальные боксы, поднимая сознание до
станций огня,
из недр земли шёл гул имён и выбирали имена и выбирались
наружу,
становясь сомышленниками, и дальше колония двигалась без
конца, чтобы уничтожить оружие; неорудийным мышлением
животные отдавали им общую тень; становилось неясно

*

когда я стояла у бывшего дома, не его двери открылись, но моё
тело раздвинулось,
чтобы выпустить мир; старые окна здесь смазаны жиром, а мать и
отец
стоят в белом огне, обнявшись с предметами, ребенок,
вжавшись в стену, молится на другое время, на еду, называет хлеб
по скрытому имени;
я здесь, я держу тебя с другой стороны, где шепчутся в недрах о
выжившем

*

мы стояли на скрытом пути, а книга упадка оскудела значениями,
чтобы сказать.
мы пытались найти воду, чтобы оставшиеся смогли идти, но всё
было против.
чёрный воздух, которым дышать осталось, и укрытия слизистые
вблизи недоступной горы,
отделённой от экрана лагерем происходящего

*

это непрочная ткань языка, которую ткут станки четвёртого мира?
захваченный
язык тела разве понять? рукой проколотой сообщение держала, пока

II

and they unfurled a campfire and started to sing of wide-open time,
    communing with everything around,
collecting tears into special boxes, raising consciousness up to the
    stations of fire,
from the depths of the earth came a din of names and they chose
    names and rose to the surface,
conjoined in thought, and on the colony moved, without end, so as to
    eradicate arms; animals, with their unarmed thinking, bestowed a
    common shadow; things became unclear

*

as I stood by my former house, it was not the doors that opened, but my
    body thrown wide,
to let the world out; the old windows here are greased with fat, and my
    mother and father
stand in white fire, embracing with objects, a child,
pressing into the wall, prays to another time, to food, calls bread by its
    secret name;
I am here, I am holding you from the other side, where in the depths
    they whisper of what has survived

*

we stood on the secret path, and the book of decline grew scant of
    meaning in order to say.
we tried finding water so that the rest could go on, but everything was
    against it.
just the black air that remained for breathing, and slimy caverns near
    the inaccessible mountain,
separated from the screen by the camp of events

*

is this the brittle fabric of language, woven by fourth-world looms? and
    can the seized
language of the body be grasped at all? I held the message with pierced

высился старый ребёнок. и если
ребёнок оружия теперь в скорости понят, то чего мы ждём?

*

стационарные вспышки и участков зажиточных ограждения,
     госпиталь
для побывавших там; твоя рука на лице сомышленника, ожоговый
     след от неё,
и книга упадка, левитирующая над оскудевшим промышленным
     водоёмом, роняет знаки, как
заснувший рабочий — болты, как зубы — старец

*

сообщения где-то неподалёку, в книге упадка зарыты, но чего мы
     ждём, не желая знать?
они не разрешены. и не перемещенные. близится ночь пустого
     труда,
танцев сквозных на зажжённых участках. дышит рядом имя-
     сомышленник

Львов, 2018

hand, while
an aged child towered. and if
the child of arms is grasped now in swiftness, then what are we waiting for?

*

flashes of static and fences around rich tracts of land, a hospital
for those who've been there; your hand on the face of your comrade in
  thought, the burnmark it leaves,
and the book of decline, levitating above the depleted industrial
  reservoir, loses signs like
a worker asleep his tools or an old man his teeth

*

messages someplace close by, buried in the book of decline, but what
  are we waiting for and don't want to know?
they're not allowed. and not displaced. a night of empty labor
  approaches,
of dances transecting lands ablaze. name—your comrade in thought—
  breathes nearby

Lviv, 2018

III

пусть смерть все ведет, смерть
все решает
пусть мы
она и я
и георг
сворачиваясь лентой чёрной
пусть в ней путаясь идем
по слизистым тропам в город
заброшенных датчиков, красного камня
пусть смотрим, как больные, любимым в глаза
и следуем дальше, глаза выдавливая смертельным богам—
вырасти довелось

пусть все будет как смерть—
имеет она хорошо,
как доводилось ранее

белые губы на
открытом плече
вспыхнут
и черный рот помощника

как там ты? как я?

что будет, если сжигается весело? мертвый корабль
в сетке ума плывет, и касание пишет, что лжет. весело.

так—ничего: белые губы и белый
сомышленника говор, стадом меж белых
в старой части света ромы идут, извиваясь,
к теплому камню от красного камня. пусть смерть
границы определит, впустит, того, кто издавна ждет
прижатый ко времени голодом. их коротко пишет
некто, никто, одна.

одного на двоих
помощника делим, червя.

III

and so death leads, death
decides
and so
she and I
and georg
a black ribbon curling
tripping us up as we go
along entrails into the city
of abandoned gas meters, of red stone
and like the sick gaze into our loved ones' eyes
and move on, gouging the eyes of lethal gods—
and so it lead to growth

everything will be like death—
death possesses well,
leading the way as before

white lips
will flash
on a bare shoulder
and the black mouth of the accomplice

you ok there? am I?

and what if it burns great? the dead ship
sails in the mind's net, their contact writes that it lies. great.

it's alright: the white lips and white
speech of the co-spiritor, as a swarm among white creatures
in the old part of the world the Roma wind their way
from the red stone to the black stone. death will
define the borders, admit those who've long waited
pressed to time by hunger, they are written shorthand
by someone, no one, her.

we split one helper two ways
between us—the worm.

губы, касаясь плеча.

ромы поют: «хватит смотреть,
развлекаясь, втаптывать в землю ногами свой страх, —

вся земля вовлеклась.»

СПб, 2018

the contact of lips and shoulder.

the Roma sing: "stop staring, distracting yourself,
stop stamping fear into the earth—

the whole earth's already contracted."

St. Petersburg, 2018

IV (ПРИЛОЖЕНИЕ: ИЗ КНИГИ ЛЮБВИ)

пожалуйста, открой глаза.
во сне я держу твоё отсутствие.
пусть это будешь ты—
там, за мостом лжецов, на другом берегу
входишь в тяжелую воду,
красный флаг растворяется на тебе,—
накрываешься тёмным.

открой и увидишь
похоронную процессию, где смеются,
в городе, нагретом чёрным солнцем,
с иссечёнными часами на башне,
и, когда будет утро, услышишь,
как здесь нет никого, и разбивается лёд
над забытыми землями

и мы бежим дальше, укрывая ребенка,
обнимая потерю, наши книги упадка
дрожат. это шаббат наступил,
вечный шаббат, начинается мир
в любви, как ты хочешь
(не видишь),
в бездействии.

пожалуйста, открой глаза.
там, за границами дня началось восстание.
я держу книгу, где всё началось,—дыхание.

коханий, починається світ

Сибиу, 2018

IV (APPENDIX: FROM THE BOOK OF LOVE)

please, open your eyes.
in sleep I cradle your absence.
let it be you—
there, beyond the bridge of liars, on the other shore
you enter into heavy water,
a red flag dissolves upon you—
you dive into darkness.

open them and you will see
a funeral procession, with people laughing,
in a city warmed by a black sun,
a clock face harrowed on a tower,
and come morning, you will hear
there's no one there, as the ice breaks
over forsaken lands.

and we run onward, covering up our child,
embracing loss, our books of decline
tremble. shabbat is here,
shabbat eternal, the world
you want (and don't see)
begins in love,
in idleness.

please, open your eyes.
there, beyond the borders of day, the insurrection has begun.
I hold the book where it all—respiration—began.

amor, el mundo comienza

Sibiu, 2018

V

чёрное солнце вместо дневного всходит, иссекая землю, мы ждём
сообщества; исход — мы идём нитями света, без общего,
        отмыслившись от мест,
мой мобильник почти разряжен, я пишу это, чтобы зафиксировать:
        край ночи,
словно липкая пена скатывается в уголках глаз.
мы достигли пределов.

никто из любимых не откроет глаза.
никто из выживших не будет прежним.

красные лица в фонтанах нефти... обгоревшие здания...

я знала земли, где от жажды лижут солёную жёлтую землю,
где убивают, не глядя на кровь,
и земли, где сберегают воздух, наслаждаясь бликами солнечных
        батарей,
пьют прохладное просекко под радужным куполом...
мы достигли пределов.

последние насекомые на разных концах земли опыляют
        бурый бутон:

ненависть.

мой мобильник почти разряжен, я пишу чтобы зафиксировать:
        край ночи
другой, с другими, и снова
книга упадка взорвана,
вблизи от огня.

                    Бухарест, 2018

V

the black sun arises in place of the day one, carving the ground, we await
company; exodus—we walk by the threads of light, uncommoned,
     outplacing in thought.
my phone almost out of charge, I write this to record: the brink of night,
as if sticky foam tangling in the corners of eyes.
we have reached the limits.

none who is loved will open their eyes.
none who has lived through it will be the same.

red faces among jets of oil… scorched buildings…

I knew lands, where from thirst they lick the salty yellow earth,
where they kill without looking at blood,
and lands, where they save air, taking pleasure in the glare of
solar batteries,
and drink chilled prosecco under a rainbow dome…
we have reached the limits.

the last insects at the different ends of the earth pollinate a red
     brown bud:

hatred.

my phone is almost out of charge, I write to record all this: the brink
     of night
is the other, with others, and again
the book of decline blasted open,
next to fire.

Bucharest, 2018

Galina Rymbu was born in 1990 in the city of Omsk (Siberia, Russia) and lives in Lviv, Ukraine. She edits *F-Pis'mo*, an online magazine for feminist literature and theory, as well as *Gryoza*, a website for contemporary poetry. She is the co-founder and co-curator of the Arkadii Dragomoshchenko Prize for emerging Russian-language poets. She has published three books of poems in Russia: *Moving Space of the Revolution* (Argo-Risk), *Time of the Earth* (kntxt), and *Life in Space* (NLO). English translations of her work have appeared in *n+1*, *Arc Poetry*, *Asymptote*, *Berlin Quarterly*, *Cosmonauts Avenue*, *Folder*, *Music & Literature*, *Powder Keg*, and *The White Review*, as well as in the chapbook *White Bread* (After Hours Editions). Her poetry has been translated into thirteen languages and stand-alone collections of her work have been published in Latvian, Dutch, Swedish, and Romanian. She is the editor of *F Letter: New Russian Feminist Poetry* (isolarii, 2020).

Joan Brooks is a writer and translator based in Pittsburgh, PA. Their interests include autoethnography, queer theory, and the Russophone world. They have translated numerous contemporary Russian authors, particularly leftist and queer-feminist poets, and they contribute regularly to *The Russian Reader* translation blog (https://therussianreader.com/tag/joan-brooks/). They are also the author of *Greetings, Pushkin!: Stalinist Cultural Politics and the Russian National Bard* (Pittsburgh University Press, 2016) and numerous scholarly articles.

Eugene Ostashevsky's books of poetry include *The Pirate Who Does Not Know the Value of Pi* (NYRB/Poets) and *The Life and Opinions of DJ Spinoza* (UDP). His translations of Russian experimental literature include *OBERIU: An Anthology of Russian Absurdism* (Northwestern UP), Alexander Vvedensky's *An Invitation for Me to Think* (NYRB) and *The Fire Horse: Children's Poems by Vladimir Mayakovsky, Osip Mandelstam, and Daniil Kharms* (NYRB). He is the recipient of the International Poetry Prize of the City of Muenster, the DAAD Artists-in-Berlin fellowship, the National Translation Award, and other awards and fellowships.

ACKNOWLEDGMENTS

The poems in this edition translated by Joan Brooks previously appeared in earlier versions in *Arc Poetry Magazine, Asymptote, Berlin Quarterly, Cosmonauts Avenue, Folder Magazine, Music & Literature, n+1, Powder Keg, Two Lines,* and *The White Review,* and in the chapbook *White Bread* (After Hours Editions, 2016). We are grateful to the editors of these publications.

Charles Bernstein and Kevin M.F. Platt's translation ("TimeWorld,") and the translation by Ansastasiya Osipova, et al. ("Fragments from the Book of Decline") were begun with the consultation of the author at the 2019 Your Language, My Ear translation workshop, organized jointly by the University of Pennsylvania and Princeton University.

The Eastern European Poets Series from Ugly Duckling Presse

The Eastern European Poets Series at Ugly Duckling Presse began in 2002, and has made available to the English-language reader many historically important texts as well as the newest work of emerging poets from Eastern Europe.

The publication of this series relies on volunteer editorial labor, grants, donations, and subscriptions. Please consider supporting us with a tax-deductible donation or a lifetime series subscription.

For more information on the Eastern European Poets Series and UDP's other publishing programs, please visit www.uglyducklingpresse.org.

Ugly Duckling Presse, founded in 1993 and incorporated in 2003, is a 501(c)(3) nonprofit and registered charity in the State of New York, and a member of the Community of Literary Magazines and Presses (CLMP).